眉批

孟子

陳光政　著

麗文文化事業

■ 國家圖書館出版品預行編目資料

眉批孟子／陳光政著. ──初版. ──高雄市：麗文文
化, 2017.08
　　面；　公分
　　ISBN　978-986-490-085-5 (平裝)

1.孟子　2.注釋

121.262　　　　　　　　　　　　　106013851

眉批孟子

初版一刷・2017 年 8 月

著者	陳光政
責任編輯	王珮穎
封面設計	鐘沛岑
發行人	楊曉祺
總編輯	蔡國彬
出版者	麗文文化事業股份有限公司
地址	80252高雄市苓雅區五福一路57號2樓之2
電話	07-2265267
傳真	07-2233073
網址	http://www.liwen.com.tw
電子信箱	liwen@liwen.com.tw
劃撥帳號	41423894
購書專線	07-2265267轉236
臺北分公司	23445新北市永和區秀朗路一段41號
電話	02-29229075
傳真	02-29220464
法律顧問	林廷隆律師
電話	02-29658212

行政院新聞局出版事業登記證局版台業字第5692號
ISBN 978-986-490-085-5 (平裝)

麗文文化事業

定價：250 元

讀孟示益（代序）

1 仁義至上論。

2 主張與民同憂樂。

3 王道取代霸道。

4 章章皆一氣呵成，可作為範文。

5 對話精彩生動。

6 譬喻入木三分，發人深省。

7 正氣凜然，不畏權勢。

8 揣本知言，鞭辟入裡。

9 中庸之道的維護者。

10 提倡人性本善。

11 不得已而辯。

12 崇古賤今。

13 重視法統。

14 尊孔。

15 重視生態的平衡發展。

16 反戰，愛和平。

17 具幽默感。

18 釐清不為與不能。

19 思而後行，避免蠻幹。

20 民生與教育並重。

21 國家的大小不重要，百姓的幸福才是關鍵。

22 邦交有道：惟仁者為能以大事小，惟智者為能以小事大。

23 暴君可誅。

24 百工各有專家，唯獨政治無專家可言。

54 環境影響學習至大，君側攸關治政尤深。

55 惡君不見，亂邦不入，以免一身腥。

56 行善要速，易失良機。

57 孟子認為政治乃一治一亂，印證中外歷史，未必正確。

58 至清至潔，可能喪失免疫力，若稍打折扣，反而沒病。

59 人治兼法治，始克完美。

60 真理常在老生常談之中。

61 為政不難，不得罪於權貴。

62 順天者存，逆天者亡。

63 不仁者是無可救藥的。

64 要怎麼收穫，就看怎麼栽。

65 自暴自棄，上帝也救不了。

66 誠是上上策。

67 老者安之，可以安邦定國。

68 聽言觀眸，可以透視人心。

69 恭儉無法偽裝。

70 道濟天下。

71 易子而教，不傷親情。

72 大孝養志，小人口體之養而已。

73 德高望重者方能矯正君心之非。

74 不期而遇的毀譽難持久。

75 無的放矢，使不得。

76 人之患在好為人師。

77 強調尊師。

78 凡人但求溫飽，有志之士力求絃外之音。

79 萬物皆須傳宗接代，人可以無後嗎？

80 仁義禮智樂有其玄之又玄之處，孟子化虛為實。

81 事親重於天下，謂之大孝。

82 種族和時間無關成聖的要件。

目　次

第一篇　梁惠王

梁惠王（上）

1

孟子見梁惠王。王曰：「叟！①不遠千里而來，亦將有以利吾國乎？」

【眉批】好個無禮的國君，孟子時年不過五十三歲而已，竟被視為「老傢伙」，不敬到如此地步，焉得忠藎之臣，梁國覆亡，亦可知矣。

【注】①老傢伙。

孟子對曰：「王何必曰利，亦有仁義而已矣。王曰何以利吾國、大夫曰何以利吾家、士庶人曰何以利吾身。上下交征利，而國危矣。萬乘之國，弒其君者，必千乘之家。千乘之國，弒其君者，必百乘之家。萬取千焉，千取百焉，不為不多矣。苟為後義而先利，不奪不饜①。未有仁而遺其親者也，未有義而後其君者也。王亦曰仁義而已矣，何必曰利。」

【眉批】孟子理直氣壯，衝口而出，氣勢逼人。可惜，言者諄諄，聽者藐藐，徒費口舌而已。可見理直氣壯未必妥，極易惹反感，反而礙事，何妨理直氣和，樂為聽者接受。

【注】①厭、饜古今字，飽也，足也。

2

孟子見梁惠王，王立於沼上，顧鴻鴈麋鹿，曰：「賢者亦樂此乎？」孟子對曰：「賢者而後樂此，不賢者，雖有此，不樂也。《詩》云：『經始靈臺，經之營之，庶民攻之，不日①成之。經始勿亟，庶民子來。王在靈囿，麀②鹿攸伏，麀鹿濯濯③，白鳥鶴鶴④。王在靈沼，於⑤牣⑥魚躍。』文王以民力為臺為沼，而民歡樂之，謂其臺曰靈臺，謂其沼曰靈沼，樂其有麋鹿魚鱉。古之人與民偕樂，故能樂也。〈湯誓〉⑦曰：『時日害⑧喪，予及汝偕亡。』民欲與之偕亡，雖有臺池鳥獸，豈能獨樂哉？」

【眉批】范仲淹「先天下之憂而憂，後天下之樂而樂」，乃脫胎於此。
【注】①不預設時間。②母鹿。③肥也。④白也。⑤於、烏、嗚古今字，此當讚嘆詞。⑥滿也。⑦《尚書》篇名。⑧何也。

3

梁惠王曰：「寡人之於國也，盡心焉耳矣。河內凶①，則移其民於河東，移其粟於河內。河東凶亦然。察鄰國之政，無如寡人之用心者。鄰國之民不加少，寡人之民不加多，何也？」

【眉批】機心為善，可畏也。
【注】①荒年。

孟子對曰：「王好戰，請以戰喻。填①然鼓之，兵刃既接，棄甲曳兵而走②，或百步而後止，或五十步而後止。以五十步笑百步，則何如？」

【眉批】孟子不愧為設喻高手，其撼動力，乃古今絕響。
【注】①鼓聲。②走、跑古今字。

曰：「不可，直①不百步耳，是亦走也。」

【眉批】功過有大小輕重之分，豈可一視同仁。
【注】①但也。

曰：「王如知此，則無望民之多於鄰國也。不違農時，穀不可勝食也。數罟①不入洿池，魚鼈不可勝食也。斧斤以時入山林，材木不可勝用也。穀與魚鼈不可勝食，材木不可勝用，是使民養生喪死無憾也。養生喪死無憾，王道之始也。」

【眉批】孟子重視自然環保，傲視百家，輝映古今。
【注】①密網。

「五畝之宅，樹之以桑，五十者可以衣帛矣。雞豚狗彘之畜，無失其時，七十者可以食肉矣。」

【眉批】中國人自始就不是一個食肉民族，而是以五穀雜糧為主食，因此，體格上不如歐美人種，這與傳統食物的營養成分不高，是有很大的關係。導致中國民族熱愛和平敦厚，不尚武鬥，缺乏冒險犯難的創造精神，可知矣。

「百畝之田，勿奪其時，數口之家可以無飢矣。謹庠序①之教，申之以孝悌之義，頒②白者不負戴於道路矣。七十者衣帛食肉，黎民不飢不寒，然而不王③者，未之有也。」

【眉批】行王政，看似簡單，做實難。老者皆得安養，舉國無飢民，未之聞也。
【注】①殷周學校之名，殷曰序、周曰庠。②斑也。③讀去聲（ㄨㄤˋ），動詞，稱孤道寡也。

　　「狗彘食人食而不知檢，塗有餓莩而不知發①。人死，則曰：『非我也，歲也。』是何異於刺人而殺之，曰：『非我也，兵②也。』王無罪歲，斯天下之民至焉。」

【眉批】善戰者服上刑，孟子是反戰之徒也。
【注】①開倉廩以濟民。②兵器。

④

　　梁惠王曰：「寡人願安承教。」孟子對曰：「殺人以梃①與刃，有以異乎？」曰：「無以異也。」「以刃與政，有以異乎？」曰：「無以異也。」曰：「庖有肥肉，廄有肥馬。民有飢色、野有餓莩，此率獸而食人也。獸相食，且人惡之，為民父母行政，不免於率獸而食人，惡在其為民父母也？仲尼曰：『始作俑②者，其無後乎？』為其象③人而用之也。如之何其使民飢而死也？」

【眉批】孟子文章靈活感人，其一理直真摯，其一譬喻精彩。
【注】①杖也。②偶人，用之送死。③象、像古今字。

⑤

　　梁惠王曰：「晉國，天下莫強焉，叟之所知也。及寡人之身，東敗於齊，長子死焉；西喪地於秦七百里，南辱於楚，寡人恥之，願比①死者壹②洒﹝③之，如之何則可？」

【眉批】好不過三代，梁惠王的確是晉後的敗國子孫。
【注】①代也。②全也，皆也。③洗雪也。

孟子對曰：「地方百里而可以王。王如施仁政於民：省刑罰，薄稅斂，深耕易耨^①，壯者以暇日，修其孝弟忠信，入以事其父兄，出以事其長上，可使制^②梃以撻秦楚之堅甲利兵矣。」

【眉批】新加坡、北歐諸小國為證，地方百里而可以王，孟子不我欺。
【注】①芸苗也。②制、製古今字。

「彼奪其民時，使不得耕耨以養其父母，父母凍餓，兄弟妻子離散。彼陷溺其民，王往而征之，夫誰與王敵？故曰：仁者無敵。王請勿疑。」

【眉批】仁者無敵，乃普世價值，疑之者，舉世皆然，哀哉！

❻

孟子見梁襄王，出，語人曰：「望之，不似人君；就之，而不見所畏^①焉。卒^②然問曰：『天下惡乎定？』吾對曰：『定于一^③。』『孰能一之？』對曰：『不嗜殺人者能一之。』『孰能與^④之？』對曰：『天下莫不與也。王知夫苗乎？七八月之間旱，則苗槁矣。天油然作雲，沛然下雨，則苗浡^⑤然興之矣！其如是，孰能禦之？』」

【眉批】活在世間，基本禮儀不可缺，缺則近乎禽獸矣！
【注】①敬畏。②卒、猝古今字。③此指仁政或大一統。④從也，歸也。⑤興起貌。

「今夫天下之人牧，未有不嗜殺人者也。如有不嗜殺人者，則天下之民，皆引領而望之矣。誠如是也，民歸之，由^①水之就下，沛然誰能禦之？」

【眉批】孔子曰：「今之從政者殆而。」肉食者鄙也，可謂罵盡所有從政者。
【注】①猶也。

7

　　齊宣王問曰：「齊桓晉文之事①，可得聞乎？」孟子對曰：「仲尼之徒，無道桓文之事者，是以後世無傳焉，臣未之聞也，無以，則王②乎？」

【眉批】孟子與齊宣王此番推心置腹的對話，精彩絕倫，文辭、佈局與義理三者兼備，觀此章，孟子一生的寫照哲學，盡在此矣。
【注】①指春秋五霸之事。②王政、德政。

　　曰：「德何如則可以王矣？」曰：「保民而王，莫之能禦也。」曰：「若寡人者，可以保民乎哉？」曰：「可。」曰：「何由知吾可也？」曰：「臣聞之胡齕曰：『王坐於堂上，有牽牛而過堂下者，王見曰：「牛何之①？」對曰：「將以釁②鐘。」王曰：「舍之。吾不忍其觳觫③，若無罪而就死地。」對曰：「然則廢釁鐘與？」曰：「何可廢也，以羊易之。」』不識有諸？」曰：「有之。」

【眉批】對話簡潔有力，又具幽默感。
【注】①往也。②間隙也，殺牲以血塗器物之隙。③牛死前之恐懼。

　　曰：「是心足以王矣。百姓皆以王為愛也，臣固知王之不忍也。」王曰：「然。誠有百姓者，齊國雖褊小，吾何愛一牛？即不忍其觳觫，若無罪而就死地，故以羊易之也。」

【眉批】推恩推愛，是心足以王矣。

曰：「王無異於百姓之以王為愛也，以小易大，彼惡①知之？王若隱②其無罪而就死地，則牛羊何擇焉？」

【眉批】惻隱之心，人皆有之，不分貴賤巨細也。
【注】①何也。②惻隱、哀憐也。

王笑曰：「是誠何心哉！我非愛其財，而易之以羊也，宜乎百姓之謂我愛也。」

【眉批】為政在貼近民意，當百姓有所誤會，耐心教導，勿以高壓懲罰為手段，民意如水，可以載舟，亦能覆舟。

曰：「無傷也，是乃仁術也，見牛未見羊也。君子之於禽獸也：見其生，不忍見其死；聞其聲，不忍食其肉。是以君子遠庖廚①也。」

【眉批】心術要正，行仁也得講究方法，孟子以遠避庖廚為仁術，意即不當現行犯或見證人，所謂眼不見為淨是也。
【注】①屠房、宰房也。

王說①曰：「《詩》云：『他人有心，予忖度②之。』夫子之謂也。夫我乃行之，反而求之，不得吾心，夫子言之，於我心有戚戚焉③。此心之所以合於王者，何也？」

【眉批】孟子知言，揣本是他的專長。
【注】①說、悅古今字。②揣測也。③共鳴之狀。

曰：「有復①於王者曰：『吾力足以舉百鈞②，而不足以舉一羽；明足以察秋毫之末，而不見輿薪。則王許之乎？』」

【眉批】天下無難事，只怕找託辭。

【注】①白也，報告也。②三十斤爲一鈞。

曰：「否。」「今恩足以及禽獸，而功不至於百姓者，獨①何與②？然則一羽之不舉，為不用力焉；輿薪之不見，為不用明焉；百姓之不見保，為不用恩焉。故王之不王，不為也，非不能也。」

【眉批】天下無難事，不爲也，非不能也。

【注】①但也。②與、歟古今字。

曰：「不為者與不能者之形①，何以異？」曰：「挾太②山以超北海，語人曰『我不能』，是誠不能也。為長者折枝③，語人曰『我不能』，是不為也，非不能也。故王之不王，非挾太山以超北海之類也，王之不王，是折枝之類也。」

【眉批】不爲與不能，似相近、實相遠，王與不王亦在爲與不爲而已，何難之有？

【注】①情況也。②太、泰古今字。③按摩肢體也。技、肢古今字。

「老吾老，以及人之老；幼吾幼，以及人之幼，天下可運①於掌。《詩》云：『刑②于寡妻，至于兄弟，以御③于家邦。』言舉斯心加諸彼而已。」

【眉批】修身、齊家、治國、平天下，唯賴以愛一以貫之，愛乃亙古的普世價值。

【注】①轉也。②正也、楷模也。③用也。

「故推恩足以保四海，不推恩無以保妻子。古之人所以大過人者，無他焉，善推其所為而已矣。」

【眉批】現今志工，救濟皆屬推恩的範疇，孟子利他的主張即將更昌行於天下。

「今恩足以及禽獸，而功不至於百姓者，獨何與？權①，然後知輕重；度②，然後知長短。物皆然，心為甚，王請度之。」

【眉批】權衡度量，然後知推恩的輕重長短，可見孟子重視思考，不是一味蠻幹到底。
【注】①衡量。②計慮。

「抑①王興甲兵，危士臣，構怨於諸侯，然後快於心與？」

【眉批】孟子處於戰國遊說盛行的時代，皆有其辯論術，齊宣王輕易就陷入孟子的圈套裡了。
【注】①未定語辭，或許也。

王曰：「否！吾何快於是，將以求吾所大欲也。」曰：「王之所大欲，可得聞與？」王笑而不言。曰：「為肥甘不足於口與？輕煖①不足於體與？抑為采②色不足視於目與？聲音不足聽於耳與？便嬖③不足使令於前與？王之諸臣，皆足以供之，而王豈為是哉？」曰：「否，吾不為是也。」

【眉批】孟子定下五項假設，皆被否定之後，王之大欲自然不言而喻了。
【注】①輕而暖和的狐裘。煖、暖古今字。②采、彩古今字。③在王左右受寵信者。

曰：「然則王之所大欲可知已：欲辟①土地、朝②秦楚。莅③中國而撫四夷也。以若④所為，求若所欲，猶緣木⑤而求魚也。」王曰：「若是其甚與？」曰：「殆有甚焉！緣木求魚，雖不得魚，無後災。以若所為，求若所欲，盡心力而為之，後必有災。」曰：「可得聞與？」

【眉批】孟子預料齊的實力不足，欲求改變七雄的現狀，後必有災。

【注】①辟、闢古今字。②面對也。③莅、蒞古今字。④汝也，爾也，你也。⑤先秦謂踩高蹺為緣木，緣木捕魚迄今猶存，廣西京族、斯利蘭卡（錫蘭）人皆有之。

曰：「鄒人與楚人戰，則王以為孰勝？」曰：「楚人勝。」曰：「然則小固不可以敵大，寡固不可以敵眾，弱固不可以敵強。海內之地，方千里者九，齊集有其一，以一服八，何以異於鄒敵楚哉？」

【眉批】人外有人，天外有天，大、眾，強皆不可持也。

「蓋亦反其本矣。今王發政施仁，使天下仕者皆欲立於王之朝，耕者皆欲耕於王之野，商賈皆欲藏於王之市，行旅皆欲出於王之塗①，天下之欲疾②其君者，皆欲赴愬③於王。其若是，孰能禦之？」

【眉批】發政施仁，可以無敵於天下矣！

【注】①塗、途古今字。②忌恨。③傾訴。

王曰：「吾惛①，不能進於是矣。願夫子輔吾志，明以教我，我雖不敏②，請嘗③試之。」

【眉批】齊宣王感發動容，無所遁逃，姑且敷衍一下。

【注】①惛、昏古今字。②敏，勉也。③嘗、嚐古今字。

　　曰：「無恆產而有恆心者，惟士為能。若民則無恆產，因無恆心。苟無恆心，放①辟②邪侈，無不為已，及陷於罪，然後從而刑之，是罔③民也。焉有仁人在位，罔民而可為也？是故明君制民之產，必使仰足以事父母，俯足以畜妻子，樂歲終身飽，凶年免於死亡，然後驅而之善，故民之從之也輕。」

【眉批】「衣食足，然後知榮辱；倉廩實，而後知禮節。」管子不我欺。

【注】①放蕩。②辟、僻古今字。③亡、罔、網古今字。

　　「今也制民之產，仰不足以事父母，俯不足以畜①妻子，樂歲終身苦，凶年不免於死亡，此惟救死而恐不贍②，奚暇治禮義③哉！」

【眉批】帝制時代，一人有慶，兆民遭殃。

【注】①畜、蓄古今字，養也。②足也。③義、儀古今字。

　　「王欲行之，則盍反①其本矣！五畝之宅，樹之以桑，五十者可以衣帛矣。雞豚狗彘之畜，無失其時，七十者可以食肉矣。百畝之田，勿奪其時，八口之家可以無飢矣。謹庠序②之教，申之以孝悌之義③，頒④白者不負戴於道路矣。老者衣帛食肉，黎⑤民不飢不寒，然而不王者，未之有也。」

【眉批】民生達到小康，輔以良好的教育，王政不過如此。

【注】①反、返古今字。②商周基礎教育構關的專名。③義、儀古今字。④頒、斑古今字。⑤眾也。

梁惠王（下）

1

莊暴①見孟子曰：「暴見於王，王語暴以好樂，暴未有以對也。」曰：「好樂何如？」孟子曰：「王之好樂甚，則齊國其庶幾乎！」

【眉批】音樂為百藝之一，如果政治也算一種藝術，藝到深處皆相通，最怕一無藝處的通才之流，樣樣通，則樣樣鬆。
【注】①齊臣。

他日見於王曰：「王嘗語莊子以好樂，有諸？」王變乎色曰：「寡人非能好先王之樂①也，直好世俗之樂②耳！」曰：「王之好樂甚，則齊其庶幾乎！今之樂，由③古之樂也。」曰：「可得聞與？」

【眉批】樂有百百種，墨子非樂，當是古今最不快樂的人。
【注】①古典音樂。②流行歌曲。③猶也。

曰：「獨樂樂，與人樂樂，孰樂？」曰：「不若與人。」曰：「與少樂樂，與眾樂樂，孰樂？」曰：「不若與眾。」

【眉批】獨樂亦樂，失之私心。與民同樂，乃是大愛之樂。

「臣請為王言樂。今王鼓樂於此，百姓聞王鐘鼓之聲，管籥之音，舉疾首蹙①頞②而相告曰：『吾王之好鼓樂，夫何使我至於此極也？父子不相見，兄弟妻子離散。』今王田獵於此，百姓聞王車馬之音，見羽旄之美，舉疾首蹙頞而相告曰：『吾王之好田獵，夫何使我至於此極也？父子不相見，兄弟妻女離散。』此無他，不與民同樂也。」

【眉批】不把少數人的快樂，築在多數人的痛苦之上。
【注】①愁貌。②頞、頞、額古今字。

「今王鼓樂於此，百姓聞王鐘鼓之聲，管籥之音，舉欣欣然有喜色而相告曰：『吾王庶幾無疾病與？何以能鼓樂也？』今王田獵於此，百姓聞王車馬之音，見羽旄之美，與欣欣然有喜色而相告曰：『吾王庶幾無疾病與？何以能田獵也？』此無他，與民同樂也。今王與百姓同樂，則王矣。」

【眉批】把快樂築在全民的快樂之上，是謂仁君賢主。

2

齊宣王問曰：「文王之囿①，方七十里，有諸？」孟子對曰：「於傳②有之。」曰：「若是其大乎？」曰：「民猶以為小也。」曰：「寡人之囿，方四十里，民猶以為大，何也？」曰：「文王之囿，方七十里。芻蕘③者往焉，雉兔者往焉，與民同之，民以為小，不亦宜乎？臣始至於境，問國之大禁，然後敢入。臣聞郊關之內，有囿方四十里，殺其麋鹿者如殺人之罪，則是方四十里為阱於國中，民以為大，不亦宜乎？」

【眉批】大小、多少、貴賤、貧富、智愚等都不是成功的關鍵，愛與奉獻才是
　　　　生命眞正的價值。
【注】①古帝王諸侯蓄養動物之所。②古書的通稱。③打柴。

3

　　齊宣王問曰：「交鄰國有道乎？」孟子對曰：「有。惟仁者為
能以大事小，是故湯事葛①，文王事混夷②。惟智者為能以小事大，
故大王③事獯鬻④，句踐事吳。」

【眉批】得先確定國力的大小強弱，方能選擇仁智之交的優先順序，誰說弱國
　　　　無外交？
【注】①湯時小諸侯。②西戎國名，亦作「串夷」。③周之先祖古公亶父。
　　　④堯時曰葷粥，周曰獫狁，秦曰匈奴，漢書作薰粥。

　　「以大事小者，樂天者也。以小事大者，畏天者也。樂天者保
天下，畏天者保其國。《詩》云：『畏天之威，于時保之。』」

【眉批】樂天畏天可以兼而有之，執一則偏頗而廢百。

　　王曰：「大哉言矣！寡人有疾，寡人好勇。」對曰：「王請無
好小勇。夫撫劍疾視曰：『彼惡敢當①我哉？』此匹夫②之勇，敵一
人者也。王請大之。《詩》云：『王赫斯怒，爰整其旅③，以遏徂④
莒⑤，以篤周祜⑥，以對⑦于天下。』此文王之勇也。文王一怒而安
天下之民。《書》曰：『天降下民，作之君，作之師，惟曰其助上
帝，寵之四方，有罪無罪，惟我在，天下曷敢有越厥志？』一人衡
⑧行於天下，武王恥之，此武王之勇也。而武王亦一怒而安天之
民。今王亦一怒而安天下之民，民惟恐王之不好勇也。」

【眉批】孟子鼓勵齊宣王修練文武之大勇。

【注】①當、擋古今字。②一人也。③軍隊。④往也。⑤地名。⑥福也。⑦
　　　揚也。⑧衡、橫古通用。

4

　　齊宣王見孟子於雪宮①。王曰：「賢者亦有此樂乎？」孟子對曰：「有人不得，則非其上矣。不得而非其上者，非也。為民上而不與民同樂者，亦非也。」

【眉批】地位可以有差距，財富若能零距離，則上下同樂，國家承平。

【注】①離宮之名。

　　「樂民之樂者，民亦樂其樂；憂民之憂者，民亦憂其憂。樂以天下，憂以天下，然而不王者，未之有也。」

【眉批】命運共同體，則無功不成，無敵不克。

　　「昔者，齊景公問於晏子曰：『吾欲觀於轉附、朝儛①，遵海而南，放②於琅邪③，吾何修而可以比於先王觀也？』晏子對曰：『善哉問也！天子適④諸侯曰巡狩，巡狩者，巡所守也。諸侯朝于天子曰述職，述職者，述所職也。無非事者，春省耕而補不足，秋省歛而助不給。』夏諺曰：『吾王不遊，吾何以休？吾王不豫⑤，吾何以助？一遊一豫，為諸侯度。』」

【眉批】處處為對方設想，所得回饋將是難以估計的。

【注】①皆山名。②至也。③地名。④往也。⑤安逸也。

「今也不然。師行而糧食，飢者弗食，勞者弗息，睊睊_{Ⅰ+Ⅰ}①胥②
讒，民乃作慝_去③。方④命虐民，飲食若流，流連荒亡，為諸侯憂。
從⑤流下而忘反謂之流，從流上而忘反謂之連，從獸無厭謂之荒，
樂酒無厭謂之亡。先王無流連之樂，荒亡之行，惟君所行也。」

【眉批】春秋無義戰之君，戰國無好仁之王，聖人在世，徒乎奈何！

【注】①側目相視。②互相也。③惡也。④方、放古今字，放棄也。⑤從、
　　　　縱古今字。

　　「景公說①。大戒於國，出舍②於郊。於是始興發③，補不足。
召大師曰：『為我作君臣相說之樂。』蓋徵招、角招④是也。其詩
曰：『畜君何尤？』畜君者，好君也。」

【眉批】孟子說動君王非止一樁，然皆虎頭蛇尾，無一貫徹到底，五分鐘熱度
　　　　而已。

【注】①說、悅古今字。②進住也。③發公糧、救災民。④樂章名。

5

　　齊宣王問曰：「人皆謂我毀明堂①。毀諸？已乎？」孟子對
曰：「夫明堂者，王者之堂也。王欲行王政，則勿毀之矣。」

【眉批】大一統周王朝與獨立諸侯之爭。

【注】①位於泰山下，本周天子東巡駐所。

　　王曰：「王政可得聞與？」對曰：「昔者文王之治岐也，耕者
九一①，仕者世祿，關市譏②而不征，澤梁③無禁，罪人不孥④。老
而無妻曰鰥、老而無夫曰寡、老而無子曰獨、幼而無父曰孤，此四

者天下之窮民而無告⑤者，文王發政施仁，必先斯四者。《詩》
云：『哿⑥矣富人，哀此煢獨⑦。』」

【眉批】文王治岐就是孟子王政的藍圖。
【注】①九取一的稅制。②譏、稽古今字。③捕魚。④不遷累家小也。⑤訴
　　苦。⑥還好。⑦困悴貌。

　　王曰：「善哉言乎！」曰：「王如善之，則何為不行？」王
曰：「寡人有疾，寡人好貨。」對曰：「昔者公劉①好貨。《詩》
云：『乃積乃倉，乃裹餱糧②，于橐于囊。思③戢④用光⑤，弓矢斯
張⑥，干戈戚⑦揚⑧，爰方啟行⑨。』故居者有積倉，行者有裹囊
也，然後可以爰方啟行。王如好貨，與百姓同之，於王何有⑩？」

【眉批】藉口、推拖，下臺階等都是成事的拌腳石，孟子遊說諸侯，算是白費
　　口舌了。
【注】①周之先祖。②乾糧。③語助詞。④安民。⑤好政績。⑥開弓。⑦大
　　斧。⑧高舉。⑨出發。⑩何有難也。

　　王曰：「寡人有疾，寡人好色。」對曰：「昔者太王①好色，
愛厥妃。《詩》云：『古公亶甫②，來朝走馬，率西水滸③，至於岐
下，爰及姜女④，聿⑤來胥⑥宇⑦。』當是時也，內無怨女，外無曠
夫。王如好色，與百姓同之，於王何有？」

【眉批】食、色性也，解決食色須求，乃一大德政。好貨好色之徒，則失之偏
　　頗，歷代帝王而犯此大忌者多矣。
【注】①周之先祖。②周之先祖，甫、父古今字。③水涯。④太王妃。⑤語
　　助詞。⑥視也。⑦屋也。

6

　　孟子謂齊宣王曰：「王之臣有託其妻子於其友而之楚遊者，比①其反也，則凍餒其妻子，則如之何？」王曰：「棄之。」曰：「士師②不能治士，則如之何？」王曰：「已之③。」曰：「四境之內不治，則如之何？」王顧左右而言他。

【眉批】對話傳神，失職尷尬之情狀，盡在顧左右而言他。
【注】①及也。②獄官。③革職。

7

　　孟子見齊宣王曰：「所謂故國者，非謂有喬木之謂也，有世臣①之謂也。王無親臣矣！昔者所進，今日不知其亡②也。」

【眉批】周雖舊邦，其命維新。齊國但有喬木，親臣跑光光。
【注】①累世修德之臣。②化為烏有。

　　王曰：「吾何以識其不才而舍①之？」曰：「國君進賢，如不得已，將使卑踰尊，疏踰戚，可不慎與？左右皆曰賢，未可也；諸大夫皆曰賢，未可也；國人皆曰賢，然後察之，見賢焉，然後用之。左右皆曰不可，勿聽；諸大夫皆曰不可，勿聽；國人皆曰不可，然後察之，見不可焉，然後去之。左右皆曰可殺，勿聽；諸大夫皆曰可殺，勿聽；國人皆曰可殺，然後察之，見可殺焉，然後殺之，故曰國人殺之也。如此，然後可以為民父母。」

【眉批】國君要能進賢，也要能退不賢。孟子提出全民作為議決，洵非容易，
　　　　空中樓閣而已。
【注】①舍、捨古今字。

8

齊宣王問曰：「湯放桀，武王伐紂，有諸？」孟子對曰：「於傳①有之。」曰：「臣弒其君，可乎？」曰：「賊仁者謂之賊，賊義者謂之殘，殘賊之人，謂之一夫。聞誅一夫紂矣，未聞弒君也。」

【眉批】帝制時代，敢提弒君之言，可謂大勇也哉！
【注】①古書的通稱。

9

孟子謂齊宣王曰：「為巨室，則必使工師求大木，工師得大木，則王喜，以為能勝其任也。匠人斲而小之，則王怒，以為不勝其任矣。」

【眉批】萬里長城與故宮之外，先祖不曾為中國留下垂諸久遠的名建築。

「夫人幼而學之，壯而欲行之，王曰：『姑舍女①所學而從我，則何如？』今有璞玉於此，雖萬鎰②必使玉人彫③琢之。至於治國家，則曰：『姑舍女所學而從我』，則何以異於教玉人彫琢玉哉？」

【眉批】百工各有專精，唯獨政治無專家可言，政治之難可知矣。
【注】①女、汝是第二人稱的古今字。②二十兩為鎰。③彫、雕古今字。

10

齊人伐燕，勝之。宣王問曰：「或謂寡人勿取，或謂寡人取之。以萬乘之國伐萬乘之國，五旬而舉之，人力不至於此，不取必有天殃，取之何如？」孟子對曰：「取之而燕民悅，則取之。古之人有行之者，武王是也。取之而燕民不悅，則勿取，古之人有行之者，文王是也。以萬乘之國伐萬乘之國，簞食壺漿，以迎王師，豈有他哉？避水火也。如水益深，如火益熱，亦運①而已矣。」

【眉批】取之有道，不取亦有道，端視百姓歡迎否？

【注】①奔走而去。

11

齊人伐燕，取之。諸侯將謀救燕，宣王曰：「諸侯多謀伐寡人者，何以待之？」孟子對曰：「臣聞七十里為政於天下者，湯是也。未聞以千里畏人者也。《書》曰：『湯一征，自葛①始。』天下信②之。東面而征，西夷怨；南面而征，北狄怨。曰：『奚為後我？』民望之，若大旱之望雲霓③也。歸市者不止，耕者不變，誅其君而弔其民，若時雨降，民大悅。《書》曰：『徯④我后⑤，后來其蘇⑥。』」

【眉批】一切取決於民意，天聽自我民聽，天視自我民視，順民則昌，逆民則亡。

【注】①湯時小諸侯。②心悅誠服。③虹也。④待也。⑤君王也。⑥穌也，生也。

「今燕虐其民，王往而征之，民以為將拯己於水火之中也，簞食壺漿，以迎王師。若殺其父兄，係①累其子弟，毀其宗廟，遷其重器，如之何其可也？天下固畏齊之彊也，今又倍地而不行仁政，是動天下之兵也。王速出令，反其旄②倪③，止其重器，謀於燕眾，置君④而後去之，則猶可及止也。」

【眉批】孟子勸宣王急流勇退，當斷得斷，若有所貪圖，必遭反撲。
【注】①係、繫古今字。②耄也，大老也。③幼小也。④立新王也。

⑫

鄒與魯鬨①。穆公②問曰：「吾有司死者三十三人，而民莫之死也。誅之則不可勝誅，不誅則疾③視其長上之死而不救，如之何則可也？」

【眉批】欲民忠君愛國，君國得先照顧有加。
【注】①鬨、訌古今字。②鄒穆公。③仇恨也。

孟子對曰：「凶年饑歲，君之民，老弱轉乎溝壑①，壯者散而之四方者，幾千人矣。而君之倉廩實，府庫充，有司莫以告，是上慢②而殘下也。曾子曰：『戒之戒之！出乎爾者，反③乎爾者也。』夫民今而後得反之也。君無尤焉。君行仁政，斯民親其上，死其長矣。」

【眉批】藏富於民則國富強。
【注】①亡身。②驕慢。③反、返古今字。

13

滕文公問曰：「滕，小國也，間於齊楚，事齊乎？事楚乎？」
孟子對曰：「是謀非吾所能及也。無已，則有一焉。鑿斯池也，築
斯城也，與民守之，效死而民弗去，則是可為也。」

【眉批】與其仰人鼻息，不如自奮圖強。

14

滕文公問曰：「齊人將築①薛②，吾甚恐，如之何則可？」孟子
對曰：「昔者大王居邠③，狄人侵之，去之岐山之下居焉，非擇而
取之，不得已也。苟為善，後世子孫必有王者矣。君子創業垂統
④，為可繼也。若夫成功，則天也。君如⑤彼⑥何哉？彊為善而已
矣。」

【眉批】孟子反戰，寧可退卻忍讓，能避則避，以行善為首務，終有反敗為勝
　　　之機會。
【注】①築城。②本為滕地，為齊強佔。③邠、豳通用，地名。④延續統
　　　一。⑤似也。⑥指太王。

15

滕文公問曰：「滕，小國也，竭力以事大國，則不得免焉，如
之何則可？」孟子對曰：「昔者大王居邠，狄人侵之，事之皮幣，
不得免焉；事之以犬馬，不得免焉；事之以珠玉，不得免焉。」

【眉批】與大國為鄰的小國寡民，莫逞強挑釁，只要能倖存，百般皆可讓，若
　　　為爭奪而亡國，則是因小而失大。

「乃屬①其耆老②而告之曰：『狄人之所欲者，吾土地也。吾聞之也，君子不以其所以養人者害人，二三子何患乎無君，我將去之。』去邠，踰梁山，邑于岐山之下居焉。邠人曰：『仁人也，不可失也。』從之者如歸市。」

【眉批】大敵當前，生死關鍵，土地與領導者都不重要了，兩者皆可拋，只要活下去。一旦死亡，無從復活，活著尚有無限希望。

【注】①屬、囑古今字。②大老。

「或曰：『世守也，非身之所能為也，效死勿去。』君請擇於斯二者。」

【眉批】因世守而壯烈犧牲，於事無補。退卻割讓，終有復得的機會。

16

魯平公將出，嬖人①臧倉者請曰：「他日君出，則必命有司所之②，今乘輿已駕矣，有司未知所之，敢請？」公曰：「將見孟子。」曰：「何哉？君所為輕身以先於匹夫者，以為賢乎？禮義③由賢者出，而孟子之後喪④踰前喪⑤，君無見焉？」公曰：「諾。」

【眉批】親賢遠惡，阻力不小，必也堅持乎！

【注】①賤而得寵者。②往也。③義、儀古今字。④喪父。⑤喪母。

　　樂正子入見曰：「君奚為不見孟軻也？」曰：「或告寡人曰：『孟子之後喪踰前喪。』是以不往見也。」曰：「何哉？君所謂踰者，前以士，後以大夫，前以三鼎，而後以五鼎與？」曰：「否，謂棺槨衣衾之美也。」曰：「非所謂踰也，貧富不同也。」樂正子見孟子曰：「克①告於君，君為來見也。嬖人有臧倉者沮②君，君是以不果來也。」

【眉批】錯誤的認知，導致誤判。
【注　】①樂正子之名。②阻也。

　　曰：「行或使之，止或尼①之，行止非人所能也。吾之不遇魯侯，天也。臧氏之子，焉能使予不遇哉？」

【眉批】天意難測，人意可期。
【注　】①尼、泥古今字，阻也。

第二篇 公孫丑

公孫丑（上）

1

公孫丑①問：「夫子當路②於齊，管仲、晏子之功，可復許乎？」孟子曰：「子誠齊人也，知管仲、晏子而已矣。或問乎曾西③曰：『吾子④與子路孰賢？』曾西蹵然⑤曰：『吾先子⑥之所畏也。』曰：『然則吾子與管仲孰賢？』曾西艴然⑦不悅曰：『爾何曾比予於管仲？管仲得君，如彼其專也。行乎國政，如彼其久也。功烈，如彼其卑也。爾何曾比予於是？』曰：『管仲，曾西之所不為也，而子為我願之乎？』」

【眉批】仲尼之徒，無道齊桓、晉文之事。其事者何？霸道譎詐好戰，於世道人心無所助益，又何足以效法欣羨呢？

【注】①孟子弟子。②當官。③曾子之孫。④閣下。⑤不安。⑥曾子。⑦勃然變色。

「曰：『管仲以其君霸，晏子以其君顯，管仲、晏子猶不足為與？』曰：『以齊王，由①反手也。』」

【眉批】不以霸顯論英雄，端看仁義否？

【注】①由、猶通用。

曰：「若是，則弟子之惑滋甚。且以文王之德，百年而後崩，猶未洽於天下，武王、周公繼之，然後大行。今言王若易然，則文王不足法與？」曰：「文王何可當①也？由湯至於武丁，聖賢之君六七作，天下歸殷久矣，久則難變也。武丁朝諸侯，有天下，猶運之掌也。」

【眉批】創業難如上青天，順勢易如反掌折枝，不可同日而語。
【注】①敵也。

「紂王去武丁，未久也。其故家遺俗，流風善政，猶有存者。又有微子、微仲、王子比干、箕子、膠鬲，皆賢人也。相與輔相之，故久而後失之也。尺地莫非其有也。一民莫非其臣也，然而文王猶方百里起，是以難也。」

【眉批】衰亡腐朽乃漸進而來，小而美洵非易達，小而一統天下，不可能也。

「齊人有言曰：『雖有智慧，不如乘勢；雖有鎡基①，不如待時。』今時則易然也。」

【眉批】時勢造英雄易於英雄造時勢。
【注】①用器耒耜之屬。

「夏后、殷、周之盛，地未有過千里者也，而齊有其地矣。雞鳴狗吠相聞，而達乎四境，而齊有其民矣。地不改辟①矣，民不改聚矣，行仁政而王，莫之能禦也。且王者之不作，未有疏於此時者也，民之憔悴於虐政，未有甚於此時者也。飢者易為食，渴者易為飲，孔子曰：『德之流行，速於置郵而傳命。』」

【眉批】黑暗的盡端轉為黎明，勢所必然，其速甚於一切。
【注】①辟、闢古今字。

「當今之時，萬乘之國行仁政，民之悅之，猶解倒懸①也。故事半古之人，功必倍之，惟此時為然。」

【眉批】天時、地利、人和是成事的三要件，地利與人和較穩固，天時則稍縱即逝，可遇不可求也。

【注】①喻困苦也。

2

公孫丑曰：「夫子加①齊之卿相，得行道焉，雖由此霸王不異②矣，如此則動心否乎？」

【眉批】手段與目的須互相牽引，若歪打正著，哪會動心？

【注】①居也，止也。②驚異。

孟子曰：「否，我四十不動心。」曰：「若是，則夫子過孟賁①遠矣？」曰：「是不難，告子②先我不動心。」

【眉批】孔子四十而不惑，孟子四十不動心，二聖在認知上已有相當的自信了。

【注】①古之大勇士。②墨子弟子。

曰：「不動心有道乎？」曰：「有。北宮黝①之養勇也：不膚橈②、不目逃；思以一豪③挫於人，若撻之於市朝；不受於褐寬博④，亦不受於萬乘之君；視刺萬乘之君，若刺褐夫，無嚴⑤諸侯；惡聲至，必反⑥之。」

【眉批】睚眥必報，置個人生死於度外。

【注】①北宮，姓。黝，名也。②曲折。③豪、毫古今字。④衣葛草衣匹夫。⑤尊也，嚴、儼古今字。⑥反、返古今字。

「孟施舍①之所養勇也，曰：『視不勝，猶勝也，量敵而後進，慮勝而後會②，是畏三軍③者也。舍豈能為必勝哉？能無懼而已矣。』」

【眉批】勇者不懼，一身是膽。
【注】①或曰孔子時人。②會戰。③諸侯有三軍。

「孟施舍似曾子，北宮黝似子夏，夫二子之勇，未知其孰賢？然而孟施舍守約①也。」

【眉批】偏勇不如保守約治之勇。
【注】①保守約治。

「昔者曾子謂子襄①曰：『子好勇乎？吾嘗聞大勇於夫子②矣：自反而不縮③，雖褐寬博，吾不惴④焉。自反而縮，雖千萬人，吾往矣。孟施舍之守氣⑤，又不如曾子之守約也。』」

【眉批】大勇講究法理義氣，小勇何足道哉？
【注】①曾子弟子。②此指孔子。③義也，直也。④懼也。⑤勇氣、氣勢。

「曰：敢問夫子之不動心，與告子之不動心，可得聞與①？」
「告子曰：『不得於言，勿求於心。不得於心，勿求於氣。』不得於心，勿求於氣，可。不得於言，勿求於心，不可。」

【眉批】不動心之於養言與養氣乃絕對正面的。
【注】①與、歟古今字。

「夫志，氣之帥也。氣，體之充也。夫志，至焉。氣，次焉。故曰：持其志，無暴其氣。」

【眉批】持志終身，氣體為輔。

「既曰：志，至焉；氣，次焉。又曰：持其志，無暴其氣者。何也？」曰：「志壹①則動氣，氣壹則動志也。今夫蹶②者趨③者，是氣也而反動其心。」

【眉批】志得氣滿將導致塞暴，八分滿可矣。
【注】①壹、噎古今字。②顛倒也。③小步快走也。

「敢問夫子惡乎長？」曰：「我知言，我善養吾浩然之氣。」

【眉批】孟子言必中的，精準無比。通篇孟子書，浩氣充塞，正義長存。

「敢問何謂浩然之氣？」曰：「難言也。其為氣也，至大至剛，以直養而無害，則塞於天地之間。其為氣也，配義與道，無是，餒①也。是集義所生者，非義襲而取之也。行有不慊②於心，則餒矣。我故曰告子未嘗知義，以其外之也。必有事焉而勿正，心勿忘，勿助長也。無若宋人然，宋人有閔③其苗之不長而揠④之者，芒芒然⑤歸，謂其人曰：『今日病矣，予助苗長矣！』其子趨而往視之，苗則槁矣。天下之不助苗長者寡矣。以為無益而舍之者，不耘苗者也；助之長者，揠苗者也。非徒無益，而又害之。」

【眉批】秉持自然，輔以道義，浩然之氣就在其中矣。
【注】①飢餓、匱乏。②快也。③閔、憫（愍）古今字。④拔也。⑤疲倦貌。

「何謂知言？」曰：「詖ㄅ①辭知其所蔽。淫②辭知其所陷，邪辭知其所離，遁③辭知其所窮。」

【眉批】孟子深諳說話的藝術。
【注】①偏頗之語。②誇張。③逃避。

「生於其心，害於其政，發於其政，害於其事，聖人復起，必從吾言矣。」

【眉批】孟子深諳語言的暴力。

「宰我、子貢善為說辭，冉牛、閔子、顏淵善言德行，孔子兼之，曰：『我於辭命①，則不能也。』然則夫子既聖矣乎？」

【眉批】專長有主副，絕無樣樣通，樣樣通則樣樣鬆矣。
【注】①政令。

曰：「惡！是何言也？昔者子貢問於孔子曰：『夫子聖矣乎？』孔子曰：『聖則吾不能，我學不厭而教不倦也。』子貢曰：『學不厭，智也；教不倦，仁也。仁且智，夫子聖矣。』夫聖，孔子不居，是何言也？」

【眉批】智仁勇非鐵三角，不得已，勇可棄之，由此可知，子路何以常遭孔聖譏。

「昔者竊聞之：子夏、子游、子張，皆有聖人之一體，冉牛、閔子、顏淵，則具體而微。敢問所安。」曰：「姑舍是。」

【眉批】孟子不輕易批自家人及其先祖。

曰：「伯夷、伊尹何如？」曰：「不同道。非其君不事，非其民不使。治則進，亂則退，伯夷也。何事非君？何使非民？治亦進，亂亦進，伊尹也。可以仕則仕，可以止則止，可以久則久，可以速則速，孔子也。皆古聖人也，吾未能有行焉，乃所願，則學孔子也。」

【眉批】偏執狂，孟子敬之，絕不效法。時中孔聖，永為孟師。

「伯夷、伊尹於孔子，若是班①乎？」曰：「否！自有生民以來，未有孔子也。」

【眉批】人類名人榜之列，孔子居第一順位，無可置疑吧！
【注】①等比也。

曰：「然則有同與？」曰：「有。得百里之地而君之，皆能以朝侯，有天下。行一不義，殺一不辜，而得天下，皆不為也，是則同。」

【眉批】得天下有道，一切皆循行仁由義也。

曰：「敢問其所以異？」曰：「宰我、子貢、有若，智足以知聖人，汙不至阿其所好。宰我曰：『以予觀於夫子，賢於堯舜遠矣。』子貢曰：『見其禮而知其政，聞其樂而知其德，由百世之後，等百世之王，莫之能違也，自生民以來，未有夫子也。』有若曰『豈惟民哉！麒麟之於走獸，鳳凰之於飛鳥，泰山之於丘垤，河海之於行潦，類也。聖人之於民，亦類也。出於其類，拔乎其萃，自生民以來，未有盛於孔子也。』」

【眉批】三子對孔子的讚揚，幾乎神而化之，似乎是孔子的誄文，有褒無貶。

3

孟子曰：「以力假仁者霸，霸必有大國。以德行仁者王，王不待大，湯以七十里，文王以百里。」

【眉批】國不大，霸不起來。小國寡民，仁政易行。思兩全，難矣哉！

「以力服人者，非心服也，力不贍①也。以德服人者，中心悅而誠服也，如七十子之服孔子也。《詩》云：『自西自東，自南自北，無思②不服。』此之謂也。」

【眉批】以《論語》觀之，心悅誠服的弟子少之又少，三千弟子更不必說了。
【注】①足也。②語助詞。

4

孟子曰：「仁則榮，不仁則辱。今惡辱而居不仁，是猶惡濕而居下也。如惡之，莫如貴德而尊士，賢者在位，能者在職，國家閒暇，及是時明其政刑，雖大國必畏之矣。《詩》云：『迨①天之未陰雨，徹②彼桑土③，綢繆④牖戶。今此下民，或敢侮予？』孔子曰：『為此詩者，其知道乎？能治其國家，誰敢侮之？』今國家閒暇，及是時，般⑤樂怠敖⑥，是自求禍也。禍福無不自己求之者。《詩》云：『永言⑦配⑧命，自求多福。』〈太甲〉曰：『天作孽，猶可違，自作孽，不可活。』此之謂也。」

【眉批】自主自己的命運，何必怨天尤人？
【注】①及也。②取也。③桑根。④纏也。⑤大也。⑥敖、傲古今字。⑦語助詞。⑧當也。

5

孟子曰：「尊賢使能，俊傑在位，則天下之士，皆悅而願立於其朝矣。」

【眉批】若有第一流的軍公教，即有第一流的國家。

「市廛①而不征②，法③而不廛，則天下之商，皆悅而願藏於其市矣。關④譏⑤而不征，則天下之旅⑥，皆悅而願出於其路矣。」

【眉批】孟子重農勵商，絕不抑商。

【注】①倉庫。②征、徵古今字，徵稅也。③什一法。④關卡。⑤譏、稽古今字。⑥行人。

「耕者助①而不稅，則天下之農，皆悅而願耕於其野矣。」

【眉批】孟子主張農地不抽稅。

【注】①公田。

「廛無夫里之布①，則天下之民，皆悅而願為之氓②矣。」

【眉批】輕稅或無稅，萬民所望。

【注】①人口稅（人頭稅）。布、泉布，錢也。②農夫。

「信能行此五者，則鄰國之民，仰之若父母矣，率其子弟，攻其父母，自有生民以來，未有能濟①者也。如此，則無敵於天下。無敵於天下者，天吏②也。然而不王者，未之有也。」

【眉批】王不待大，唯有仁政始克達成。

【注】①成也。②天使也。吏、使古今字。

6

孟子曰：「人皆有不忍人之心。先王有不忍人之心，斯有不忍人之政矣。以不忍人之心，行不忍人之政，治天下可運①之掌上。」

【眉批】愛心充塞於人際之間，是政治的最高境界。
【注】①轉動。

「所以謂人皆有不忍人之心者，今人乍見孺子將入於井，皆有怵①惕②惻③隱④之心，非所以內⑤交於孺子之父母也，非所以要譽於鄉黨朋友也，非惡其聲⑥而然也。」

【眉批】雲無心而出岫，不忍人之心乃與生俱來。
【注】①恐懼。②驚也。③痛也。④痛也。⑤內、納古今字。⑥名譽。

「由是觀之，無惻隱之心，非人也；無羞惡之心，非人也；無辭讓之心，非人也；無是非之心，非人也。」

【眉批】生而為人的基本條件有四端。

「惻隱之心，仁之端①也；羞惡之心，義之端也；辭讓之心，禮之端也；是非之心，智之端也。」

【眉批】人皆具有仁義禮智之端苗。
【注】①首也，始也，基因也。

「人之有是四端也，猶其有四體也。有是四端而自謂不能者，自賊①者也。謂其君不能者，賊其君者也。」

【眉批】仁義禮智不得完備，只有怪自己不夠努力，莫怨天尤人。
【注】①傷害。

「凡有四端於我者，知皆擴而充之矣，若火之始然①，泉之始達。苟能充之，足以保四海。苟不充之，不足以事父母。」

【眉批】有因未必有果，端賴擴而充之，加深加大之功，操諸在己。
【注】①然、燃古今字。

7

孟子曰：「矢人①豈不仁於函人②哉？矢人惟恐不傷人，函人惟恐傷人，巫③匠④亦然，故術不可不慎也。」

【眉批】職業無貴賤之分，但有仁與不仁之別，慎擇所學與行業乃是絕對必要的。
【注】①製箭人。矢、箭古今字。②製鎧甲者。③巫醫。④製棺者。

「孔子曰：『里仁為美，擇不處仁，焉得智。』夫仁，天之尊爵也，人之安宅也。莫之禦而不仁，是不智也。」

【眉批】仁是儒家的最高境界，萬般皆下品，唯有仁德高。

「不仁、不智、無禮、無義，人役也。人役而恥為役，由①弓人而恥為弓，矢人而恥為矢也。如恥之，莫如為仁。仁者如射，射者正己而後發，發而不中，不怨勝己者，反求諸己而已矣。」

【眉批】人生的最高價值在於為仁，為仁而不達，非為仁之咎，仍須為仁不輟。
【注】①通猶。

8

孟子曰：「子路人告之以有過則喜，禹聞善言則拜。」

【眉批】知過好善，樂莫大焉。

「大舜有大焉，善與人同，舍①己從人，樂取於人以為善。」

【眉批】聽取民意，則得民心，得民心必昌盛。

【注】①舍、捨古今字。

「自耕、稼、陶、漁以至為帝，無非取於人者，取諸人以為善，是與人為善者也。故君子莫大乎與人為善。」

【眉批】與人為善，如廣納百川，故能成其大。

9

孟子曰：「伯夷：非其君不事、非其友不友、不立於惡人之朝、不與惡人言。立於惡人之朝，與惡人言，如以朝衣朝冠坐於塗炭。推惡惡之心，思與鄉人①立，其冠不正，望望②然去之，若將浼③焉。」

【眉批】潔癖與不沾鍋，固然樂於感覺良好的自戀狂，卻易陷入孤單無友，只自賞了。

【注】①今言鄉巴佬。②慚愧之貌。③汙也。

「是故諸侯雖有善於辭命而至者，不受也。不受也者，是亦不屑①就已。」

【眉批】當剛毅木訥遇上巧言令色者，不受也，不屑也。

【注】①潔也。

「柳下惠不羞污君，不卑小官，進不隱賢，必以其道，遺佚而不怨，阨窮而不憫。故曰：『爾為爾，我為我，雖袒裼裸裎於我側，爾焉能浼我哉？』故由由然①與之偕而不自失焉，援而止之而止，援而止之而止者，是亦不屑去已。」

【眉批】機不可失，稍縱即逝，自己行得正，奈我何？
【注】①浩浩之貌。

　　孟子曰：「伯夷隘，柳下惠不恭。隘與不恭，君子不由①也。」

【眉批】過猶不及，不偏不倚是謂允執厥中。
【注】①循行也。

公孫丑（下）

1

孟子曰：「天時不如地利，地利不如人和。三里之城，七里之郭，環而攻之而不勝。夫環而攻之，必得天時者矣，然而不勝者，是天時不如地利也。」

【眉批】天時、地利與人和同等重要，無分軒輊，三合一則無敵不摧，缺一漏二則勝敗難測，三者闕如，必敗無疑。

「城非不高也，池非不深也，兵革非不堅利也，米粟非不多也，委而去之，是地利不如人和也。故曰域民不以封疆之界，固國不以山谿之險，威天下不以兵革之利。」

【眉批】外在條件不足憑，內在完美可以威天下。

「得道者多助，失道者寡助，寡助之至，親戚畔①之，多助之至，天下順之。以天下之所順，攻親戚之所畔，故君子有不戰，戰必勝矣。」

【眉批】君子不好戰，不得已而戰，必勝無疑，多助之至也。

【注】①畔、叛古今字。

2

　　孟子將朝王，王使人來曰：「寡人如就見者也，有寒疾，不可以風，朝將視朝，不識可使寡人得見乎？」對曰：「不幸有疾，不能造朝。」明日，出弔於東郭氏。公孫丑曰：「昔者辭以病，今日弔，或者不可乎？」曰：「昔者疾，今日愈①，如之何不弔？」王使人問疾，醫來。孟仲子對曰：「昔者有王命，有采薪②之憂，不能造朝，今病小愈，趨造於朝，我不識能至否乎？」使數人要於路曰：「請必無歸而造於朝。」不得已，而之景丑氏宿焉。

【眉批】孟子說諸侯則藐焉，諸侯若以敷衍相待，孟子絕不接受妥協，所謂不食嗟來之食是也。

【注】①愈、癒古今字。②謙稱自己如薪材之賤。

　　景子曰：「內則父子，外則君臣，人之大倫也。父子主恩，君臣主敬，丑見王之敬子也，未見所以敬王也。」曰：「惡①！是何言也？齊人無以仁義與王言者，豈以仁義為不美也？其心曰『是何足與言仁義也』云爾，則不敬莫大乎是。我非堯舜之道，不敢以陳於王前，故齊人莫如我敬王也。」

【眉批】齊王一時失敬，衍生出許多枝節，難以彌補，敬之為用，大矣哉！

【注】①深嗟嘆，惡、噁古今字。

　　景子曰：「否！非此之謂也。《禮》①曰：『父召無諾，君命召不俟駕。』固將朝也，聞王命而遂不果，宜與夫《禮》若不相似然。」

【眉批】吾愛吾師，吾更愛真理，當仁不讓是也。帝王時代，不能當面道破君王的錯誤，難為孟子一再託辭。

【注】①見《禮記・曲禮》。

曰：「豈謂是與？曾子曰：『晉楚之富，不可及也。彼以其富，我以吾仁；彼以其爵，我以吾義，吾何慊①乎哉？』夫豈不義而曾子言之，是或一道也。」

【眉批】仁義在，富爵暗淡無光。
【注】①少也。

「天下有達尊三：爵一、齒①一、德一。朝廷莫如爵，鄉黨莫如齒，輔世長民莫如德。惡得有其一，以慢其二哉？」

【眉批】孟子終於點出不造朝見王之故。
【注】①尊長也。

「故將大有為之君，必有所不召之臣，欲有謀焉則就之，其尊德樂道，不如是不足與有為也。」

【眉批】由此觀之，齊王絕非大有為之君。

「故湯之於伊尹，學焉而後臣之，故不勞而王。桓公之於管仲，學焉而後臣之，故不勞而霸。」

【眉批】唐太宗之於魏徵，學焉而後臣之，故不勞而治。

「今天下地醜①德齊，莫能相尚②，無他，好臣其所教，而不好臣其所受教。」

【眉批】君臣須互相表揚讚美，始克相得益彰，若一味下指導棋，以為官大學問大，必敗無疑。
【注】①類也。②推崇。

「湯之於伊尹，桓公之於管仲，則不敢召，管仲且猶不可召，而況不為管仲者乎？」

【眉批】敬重部屬，則部屬樂以竭心盡力。

3

陳臻①問曰：「前日於齊，王餽兼金②一百而不受，於宋，餽七十鎰③而受，於薛，餽五十鎰而受。前日之不受是，則今日之受非也。今日之受是，則前日之不受，非也，夫子必居一於此矣。」孟子曰：「皆是也。當在宋也，予將有遠行，行者必以贐④，辭曰餽贐，予何為不受？當在薛也，予有戒心，辭曰聞戒，故為兵餽之，予何為不受？若於齊，則未有處⑤也，無處而餽之，是貨⑥之也。焉有君子而可以貨取乎？」

【眉批】事實勝於雄辯，辯論術再高明，終見破綻，故孟子自謂：予豈好辯哉？予不得已也。

【注】①孟子弟子。②好金也。③二十兩。④會禮也。⑤職位也。⑥賄賂也。

4

孟子之平陸①，謂其大夫曰：「子之持戟之士②，一日而三失伍，則去③之否乎？」曰：「不待三。」「然則子之失伍也亦多矣。凶年饑歲，子之民，老羸轉於溝壑④，壯者散而之四方者，幾千人矣。」曰：「此非距心⑤之所得為也。」曰：「今有受人之牛羊而為之牧之者，則必為之求牧與芻矣。求牧與芻而不得，則反諸其人乎？抑亦立而視其死與？」曰：「此則距心之罪也。」他日見

於王曰：「王之為都⑥者，臣知五人焉。知其罪者惟孔距心。」為
王誦⑦之。王曰：「此則寡人之罪也。」

【眉批】國之不治，君臣交相悔過，國必可再度振興。
【注】①齊都地名。②戰士。③殺之。④或云「填溝壑」，亡身也。⑤大夫
　　　名。⑥治都。⑦敘述。

5

孟子謂蚳鼃①曰：「子之辭靈丘②而請士師③，似也。為其可
以言也。今既數月矣，未可以言與？」蚳鼃諫於王而不用，致為臣
而去。齊人曰：「所以為蚳鼃則善矣，所以自為則吾不知也。」公
都子④以告。曰：「吾聞之也『有官守者，不得其職則去。有言責
者，不得其言則去。』我無官守，我無言責也，則吾進退，豈不綽
綽然⑤有餘裕哉！」

【眉批】賣身契受制於人，自由身來去自如，不自由，毋寧死。
【注】①齊大夫。②齊邑名。③治獄官。④孟子弟子。⑤寬裕貌。

6

孟子為卿於齊，出弔於滕，王使蓋①大夫王驩為輔②行。王驩朝
暮見，反③齊、滕之路，未嘗與之言行事也。公孫丑曰：「齊卿之
位，不為小矣。齊、滕之路，不為近矣。反之而未嘗與言行事，何
也？」曰：「夫既④或⑤治之、予何言哉？」

【眉批】行事主導權落在輔行王驩身上，孟子變成配角而已，一肚子火可知
　　　矣！
【注】①齊邑名。②副使。③反、返古今字。④已也。⑤有也。

7

孟子自齊葬①於魯，反於齊，止於嬴②。充虞③請曰：「前日不知虞不肖，使虞敦匠④，事嚴⑤，虞不敢請，今願竊有請也，木若以⑥美然。」

【眉批】孟子厚葬其母可知矣。
【注】①指母葬。②齊南邑。③孟子弟子。④厚作棺。⑤喪事也。⑥泰(太)也。

曰：「古者棺椁無度，中古①棺七寸，椁稱之，自天子達於庶人，非直②為觀美也，然後盡於人心。」

【眉批】棺椁的厚薄、大小、長短與美醜，都不重要，只求盡心就可以了。
【注】①此指周。②只也，但也。

「不得，不可以為悅。無財，不可以為悅。得之為有財，古之人皆用之，吾何為獨不然。」

【眉批】辦喪事，如能不寒酸，稍作悅己悅人的佈置花費，也是合乎人情之常。

「且比①化者②，無使土親膚，於人心獨無恔ㄒㄧㄠ乎③？」

【眉批】由此觀之，孟子也跟墨子一樣，都是主張薄喪的，傳統上的厚喪，惡俗而已。
【注】①至也，為也。②死者。③快也。

「吾聞之：君子不以天下儉其親。」

【眉批】節儉是美德，儉到怠慢父母，子不子也。

8

沈同①以其私問曰：「燕可伐與？」孟子曰：「可。子噲②不得與人燕，子之③不得受燕於子噲。有仕於此，而子悅之，不告於王而私與之吾子之祿爵，夫士也亦無王命而私受之於子，則可乎？何以異於是！」

【眉批】爵祿不可私授，何況神器？孟子贊成為體制而戰。
【注】①齊大臣。②燕王。③燕相。

齊人伐燕。或問曰：「勸齊伐燕，有諸？」曰：「未也。沈同問燕可伐與？吾應之曰可，彼然①而伐之也。彼如曰：孰可以伐之？則將應之曰：為天吏②則可以伐之。今有殺人者，或問之曰：人可殺與？則將應之曰：可。彼如曰：孰可以殺之？則將應之曰：為士師③則可以殺之。今以燕伐燕，何為勸之哉？」

【眉批】師出有名，孰能替天行道？民意是也。
【注】①認可、同意。②天使也，民意也。③治獄官。

9

燕人畔。王曰：「吾甚慚於孟子。」陳賈①曰：「王無患焉，王自以為與周公，孰仁且智？」王曰：「惡！是何言也？」曰：「周公使管叔監殷，管叔以殷畔。知而使之，是不仁也。不知而使之，是不智也。仁智、周公未之盡也，而況於王乎？賈請見而解之。」

【眉批】引喻失義的藉口易尋，知所能改的悔過絕少。

【注】①齊大夫。

　　見孟子，問曰：「周公何人也？」曰：「古聖人也。」曰：「使管叔監殷，管叔以殷畔也，有諸？」曰：「然。」曰：「周公知其將畔而使之與？」曰：「不知也。」「然則聖人且有過與？」曰：「周公弟也，管叔兄也，周公之過，不亦宜乎？」

【眉批】親兄弟互相設防陷害，機心相待，聖人不為，一旦被設計，然後大義滅親，是不得已也。

　　「且古之君子，過則改之；今之君子，過則順之。古之君子，其過也，如日月之食，民皆見之；及其更也，民皆仰之。今之君子，豈徒順之，又從為之辭。」

【眉批】過則改之，代表有勇氣承認錯誤，有再進步的空間。過則順之，代表錯到底，朽木糞牆之類也。若再從為之辭，則是無可救藥，越描越黑，自欺而不能欺人也。哪是君子？偽君子是也。

10

　　孟子致①為臣而歸。王就見孟子曰：「前日願見而不可得，得侍同朝，甚喜。今又棄寡人而歸，不識可以繼此而得見乎？」對曰：「不敢請耳，固所願也。」

【眉批】孟子遊說列國的目的，在於施展儒家的政教，絕不妥協打折，合則來，不合則去。

【注】①去也。

他日，王謂時子①曰：「我欲中國②而授孟子室③，養弟子，以萬鍾，使諸大夫國人皆有所矜式④，子盍為我言之。」

【眉批】齊王敬重孟子，由此可知也。
【注】①齊臣。②國境之內。③築屋。④敬重效法。

時子因陳子①而以告孟子。陳子以時子之言告孟子，孟子曰：「然，夫時子惡知其不可也？如使予欲富，辭十萬而受萬，是為欲富乎？」

【眉批】薪資不在高，工作的意義尤為重要，世俗以財富看人，品味何其劣也。
【注】①孟子弟子陳臻。

「季孫①曰：『異哉！子叔②疑：使己為政，不用則亦已矣！又使其子弟為卿。』人亦孰不欲富貴，而獨於富貴之中，有私龍斷焉。」

【眉批】帝制時代是政治壟斷，民主政治，極易走向財富壟斷。凡有壟斷，皆須打破。
【注】①孟子弟子。②疑為季孫之名。

「古之為市也，以其所有易其所無者，有司者治之耳。有賤丈夫①焉，必求龍斷②而登之，以左右望而罔③市利，人皆以為賤，故從而征④之，征商自此賤丈夫始矣。」

【眉批】官商有別，商人逐利最優先，故無商不奸。官則以國以民為首務，私利拋置諸度外。
【注】①指賤商。②高處。③網羅也，罔、網古今字。④征、徵古今字。

⑪

　　孟子去齊，宿於晝①，有欲為王留行者。坐而言，不應，隱②几而臥。客不悅曰：「弟子齊③宿而後敢言，夫子臥而不聽，請勿復敢見矣。」

【眉批】孟子去齊之意甚堅，故意怠慢王之說客。
【注】①齊地名。②伏也。③齊、齋古今字，敬也。

　　曰：「坐，我明語子。昔者魯繆①公無人乎子思之側，則不能安子思。泄柳、申詳②，無人乎繆公之側，則不能安其身。子為長者慮而不及子思，子絕長者乎？長者絕子乎？」

【眉批】齊王把孟子當政治上的粧飾而已，敬重不足，逼得孟子一走了之。
【注】①繆、穆通用。②二人皆齊之時賢。

⑫

　　孟子去齊，尹士①語人曰：「不識王之不可以為湯武，則是不明也。識其不可，然且至，則是干澤②也。千里而見王，不遇故去，三宿而後出晝，是何濡滯③也，士則茲不悅。」

【眉批】孟子寄望於齊王，猶抱琵琶半遮面，入世人之常情也，沽之哉！
【注】①齊人。②求祿。③稽留。

　　高子①以告。曰：「夫尹士惡知予哉？千里而見王，是予所欲也。不遇故去，豈予所欲哉！予不得已也。予三宿而出晝，於予心猶以為速，王庶幾改之。王如改諸，則必反予②。夫出晝而王不予追也，予然後浩然③有歸志。予雖然，豈舍王哉？王由④足用為善，王如用予，則豈徒齊民安，天下之民舉安，王庶幾改之，予日望之。」

【眉批】孟子的心目中，齊王的本性尚稱良好，所以對齊王的期盼，不到最後
　　　　關頭，決不輕言放棄，其用心良苦，可知矣，可諒矣。
【注】①孟子弟子。②予反（返）之倒裝。③意決。④猶也。

　　「予豈若是小丈夫①然哉！諫於其君而不受則怒，悻悻然②見於其面，去則窮日之力而後宿哉！」尹士聞之曰：「士誠小人也。」

【眉批】孟子是大丈夫，不能以小節拘之。
【注】①才淺志短，大丈夫之反詞。②怒貌。

13

　　孟子去齊，充虞①路問曰：「夫子若有不豫②色然。前日虞聞諸夫子曰：『君子不怨天，不尤人。』」

【眉批】得失心理有輕重之分，何必非我莫屬呢？所謂「盡人事，聽天命。」
　　　　是也。
【注】①孟子弟子。②不悅也。

曰：「彼一時，此一時也。五百年必有王者興，其間必有名世者。由周而來，七百有餘歲矣，以其數則過矣，以其時考之則可矣。」

【眉批】孟子亦有迷信之處，五百年必有王者興，此語經不起考驗，以下推論，更是不足信也。

「夫天未欲平治天下也，如欲平治天下，當今之世，舍我其誰也？吾何為不豫哉！」

【眉批】孟子不免亦有怨天之處，怨天不如尤人也。

14

孟子去齊居休①，公孫丑問曰：「仕而不受祿，古之道乎？」曰：「非也。於崇②，吾得見王，退而有去志，不欲變，故不受也。繼而有師命，不可以請，久於齊，非我志也。」

【眉批】孟子無功不受祿，何況去齊之志早已決定。
【注】①地名。②地名。

第三篇　滕文公

滕文公（上）

①

滕文公為世子①，將之楚，過宋而見孟子。孟子道性善，言必稱堯舜。

【眉批】性善、性惡皆是偏執狂。人有其光明面與邪惡面，抑惡揚善，抑善揚惡或有善有惡，君子、小人、常人之別也。

【注】①天子、諸侯之繼承人。

世子自楚反①，復見孟子。孟子曰：「世子疑吾言乎？夫道一而已矣。成覸②謂齊景公曰：『彼丈夫也，我丈夫也，吾何畏彼哉？』顏淵曰：『舜何人也？予何人也？有為者亦若是。』公明儀③曰：『文王我師也，周公豈欺我哉？』今滕絕長補短，將五十里也，猶可以為善國。《書》曰：『若藥不瞑眩④，厥疾不瘳⑤。』」

【眉批】信者不疑、疑者不信，再加堅決的執行力，雖小必美。

【注】①反、返古今字。②齊之勇臣。③曾子弟子。④暈狀。⑤癒也。

2

滕定公薨①，世子謂然友曰：「昔者孟子嘗與我言於宋，於心終不忘。今也不幸，至於大故②，吾欲使子問於孟子，然後行事③。」

【眉批】每事問者，代表其內心空虛，缺乏定見，不足以行大事也。
【注】①諸侯死之稱。②大喪。③辦喪事。

然友之鄒，問於孟子，孟子曰：「不亦善乎！親喪固所自盡①也。曾子曰：『生事之以禮，死葬之以禮，祭之以禮，可謂孝矣。』諸侯之禮，吾未之學也。雖然，吾嘗聞之矣：三年之喪，齊疏②之服，飦粥③之食，自天子達於庶人，三代共之。」

【眉批】滕文公連辦喪事也要請教孟子，其不能有為，可知矣。
【注】①盡心盡力。②齋戒疏食。齊、齋古今字。③糜粥、清粥也。

然友反命①，定為三年之喪，父兄百官皆不欲，曰：「吾宗國魯先君莫之行，吾先君亦莫之行也。至於子之身而反之，不可。且志②曰：『喪祭從先祖。』」曰：「吾有所受之③也。」

【眉批】孔孟視死重於生，為慎終追遠，付出極大的成本，最後還是敗下陣來。
【注】①復命。②古書。③受教。

謂然友曰：「吾他日①未嘗學問，好馳馬試劍，今也父兄百官不我足②也，恐其不能盡於大事③，子為我問孟子。」

【眉批】滕文公優柔寡斷，缺乏自信，步步皆須孟子加持，可謂是扶不住的阿斗。
【注】①昔日。②不足信任我。③喪事。

　　然友復之鄒問孟子，孟子曰：「然，不可以他求者也。孔子曰：『君薨，聽於冢宰①。』歠ㄔㄨㄛ粥②，面深墨，即位而哭，百官有司莫敢不哀，先之也。」

【眉批】君薨，舉國幾近停擺，不亦太過乎？節哀順變可也。
【注】①語出《論語‧憲問》。②飲也。

　　「上有好者，下必有甚焉者矣。君子之德，風也；小人之德，草也。草尚①之風必偃②。是在世子。」然友反命，世子曰：「然，是誠在我。」

【眉批】國君一人喪考妣，強迫全民如喪考妣，何等自私啊！
【注】①上也。②仆也。

　　五月居廬①，未有命戒②，百官族人可謂曰知③。及至葬，四方來觀之，顏色之戚，哭泣之哀，弔者大悅。

【眉批】國君居喪幾達半年，政事停擺，博得大眾叫好，是可忍而孰不可忍？
【注】①謂未葬居倚廬中。②居喪不言也。③可，肯定也。知、智古今字。

3

　　滕文公問為國①，孟子曰：「民事不可緩也。《詩》②云：『晝爾③于茅，宵爾索綯④，亟⑤其乘⑥屋，其始播百穀。』」

【眉批】百姓的小事就是執政者的大事，輕易不得。
【注】①治國。②見《詩經‧邠風七月》。③語助辭。④製繩。⑤急切。⑥登。

「民之為道也，有恆產者有恆心，無恆產者無恆心。苟無恆心，放①辟②邪侈，無不為已，及陷乎罪，然後從而刑之，是罔③民也。焉有仁人在位，罔民而可為也？」

【眉批】民以食為天，民生居中，榮辱禮節擺兩旁，治在其中矣。

【注】①放肆。②辟、僻古今字，偏激也。③罔、網古今字，羅罪也。

「是故賢君必恭儉禮下，取於民有制。陽虎曰：『為富不仁矣，為仁不富矣。』夏后氏五十而貢、殷人七十而助、周人百畝而徹，其實皆什一也。徹者，徹①也。助者，藉也。龍子曰：『治地莫善於助，莫不善於貢。貢者，校數歲之中以為常②。樂歲③粒米④狼戾⑤，多取之而不為虐，則寡取之；凶年糞⑥其田而不足，則必取盈焉。』」

【眉批】中國歷代君王恭儉不足，一副驕奢之氣，而農業也大多處於無制狀態，故亂多於治。

【注】①通也。②核校數歲收成的平均數，作為定數。③豐年。④粟米之粒。⑤猶狼藉。⑥通奮。

「為民父母，使民盻盻然①，將②終歲勤動不得以養其父母，又稱③貸而益之，使老稚轉乎溝壑，惡在其為民父母也？」

【眉批】一人有慶，兆民勤苦，眾人之敵。

【注】①勤苦不息之貌。②進也，奉獻也。③舉也。

「夫世祿，滕固行之矣。《詩》①云：『雨我公田，遂及我私②。』惟助為有公田。由此觀之，雖周亦助也。」

【眉批】鼓勵滕行公私兼備的田制。

【注】①〈小雅·大田〉之篇。②私田。

「設為庠序學校以教之。庠者，養也。校者，教也。序者，射也。夏曰校，殷曰序，周曰庠，學則三代共之，皆所以明人倫也。人倫明於上，小民親於下，有王者起，必來取法，是為王者師也。《詩》①云：『周雖舊邦，其命惟新。』文王之謂也。子力行之，亦以新子之國。」

【眉批】孟子以為明人倫是設立學校的宗旨，似乎太過狹隘，儒家之學不足以整治天下也。

【注】①〈大雅・文王〉篇。

使畢戰①問井地②，孟子曰：「子之君將行仁政，選擇而使子，子必勉之。夫仁政必自經界始。經界不正，井地不鈞③，穀祿不平。是故暴君污吏，必慢④其經界。經界既正，分田制祿，可坐而定也。」

【眉批】仁政與井田制度皆是虛幻，有夢最美啊！

【注】①滕臣。②井田。③鈞、均古今字。④不正。

「夫滕壤地褊小，將為君子①焉，將為野人②焉，無君子莫治野人，無野人莫養君子。」

【眉批】統治階級與百工農民應建立在互補依存的關係上。

【注】①統治階級。②百工農民。

「請野九一而助①，國中什一使自賦②。卿以下必有圭田③，圭田五十畝，餘夫④二十五畝。死徒無出鄉，鄉田同井，出入相友，守望相助，疾病相扶持，則百姓親睦，方里而井，井九百畝，其中為公田，八家皆私百畝，同養公田，公事畢，然後敢治私事，所以

別野人也。此其大略也。若夫潤澤⑤之，則在君與子矣。」

【眉批】孟子心目中的井田制度竟然如此簡單，且經不起時代的改變，亙古
　　　至今，誰人敢試？

【注】①殷商稅名。②本賦，二十而稅一。③圭、畦古今字，卿士的封田。
　　　④其餘老小尙有餘力者。⑤修飾增補。

4

　　有為神農之言者——許行①，自楚之滕，踵②門而告文公曰：
「遠方之人，聞君行仁政，願受一廛③而為氓④。」文公與之處⑤，
其徒數十人，皆衣褐⑥，捆屨⑦織席以為食。

【眉批】當農家遇見儒家，不妨比個高下。

【注】①農家者流。②至也。③廛，居也。④通民。⑤居所。⑥葛布衣。⑦
　　　編草鞋。

　　陳良①之徒陳相，與其弟辛，負耒耜②，而自宋之滕，曰：「聞
君行聖人之政，是亦聖人也，願為聖人氓。」陳相見許行而大悅，
盡棄其學而學焉。

【眉批】棄儒從農，所在皆有，不足怪也。

【注】①儒家者流。②農具名。

　　陳相見孟子，道許行之言曰：「滕君則誠賢君也，雖然未聞道
也。賢者與民並耕而食，饔①飧②而治。今也滕有倉廩府庫，則是
厲③民而以自養也，惡得賢？」孟子曰：「許子必種粟而後食
乎？」曰：「然。」「許子必織布而後衣乎？」曰：「否，許子衣
褐。」「許子冠乎？」曰：「冠。」曰：「奚冠？」曰：「冠

素。」曰：「自織之與？」曰：「否，以粟易之。」曰：「許子奚為不自織？」曰：「害於耕。」曰：「許子以釜④甑⑤爨⑥。以鐵耕乎？」曰：「然。」「自為之與？」曰：「否，以粟易之。」「以粟易械器者，不為厲陶冶，陶冶亦以其械器易粟者，豈為厲農夫哉？且許子何不為陶冶，舍⑦皆取諸其宮中而用之，何為紛紛然與百工交易，何許子之不憚煩？」曰：「百工之事，固不可耕且為也。然則治天下獨可耕且為與？」

【眉批】人人為我，我為人人，盡本分，可以無愧矣！
【注】①早餐。②晚餐。殯當作飧。③凌虐。④鍋也。⑤炊物用的瓦器。⑥炊也。⑦舍、啥古今字，何也。

「有大人之事，有小人之事。且一人之身而百工之所為備，如必自為而後用之，是率天下而路①也。」

【眉批】可以沒有個人，卻不能失去團體。個人無關緊要，團體則是個體的屏障。
【注】①羸路，瘦疾暴露也。

「故曰或勞心，或勞力。勞心者治人，勞力者治於人。治於人者食人，治人者食於人，天下之通義①也。」

【眉批】軍公敎食人，百工農漁食於人，此乃天下之通則。
【注】①義、儀古今字，法則也。

「當堯之時，天下猶未平，洪水橫流，氾濫於天下，草木暢茂，禽獸繁殖，五穀不登①，禽獸偪②人，獸蹄鳥迹之道交於中國③。堯獨憂之，舉舜而敷④治焉。」

【眉批】堯之英明，都知不能獨治天下，故舉舜而分治。

【注】①升也，成也，孰也。②偪、逼古今字，迫也。③國之中。④分也，
布也，散也。

「舜使益①掌②火，益烈③山澤而焚之，禽獸逃匿。」

【眉批】舜亦須益掌火治天下。

【注】①舜子。②主也、負責也。③熾也，火猛也。

「禹疏九河，瀹濟漯而注諸海，決汝漢，排淮泗而注之江①，
然後中國可得而食也。當是時也，禹八年於外，三過其門而不入，
雖欲耕得乎？」

【眉批】以禹之勤，亦無閒自力耕種。

【注】①專指長江。

「后稷教民稼穡，樹藝五穀，五穀熟而民人育。」

【眉批】后稷傳授農藝，農民負責耕作，君民互為須求。

「人之有道也，飲食煖①衣，逸居而無教，則近於禽獸。聖人
有憂之，使契為司徒，教以人倫：父子有親、君臣有義、夫婦有
別、長幼有敘、朋友有信。」

【眉批】農人或可飽食暖衣，尚待教育求知，專主農務是不足的。

【注】①煖、暖古今字。

「放勳①曰②勞③之來④之，匡之直之，輔之翼之，使自得之，
又從而振⑤德之。聖人之憂民如此，而暇耕乎？」

【眉批】聖人勞心，尚感不足。同理，農工勞力，亦無暇勞心。互為需求，乃是天經地義。

【注】①堯號也。②或作曰。③慰勞。④來、倈、徠古今字，招撫也。⑤提撕警覺。

「堯以不得舜為己憂，舜以不得禹、皋陶為己憂。夫以百畝之不易①為己憂者，農夫也。分人以財謂之惠，教人以善謂之忠，為天下得人者謂之仁。」

【眉批】尊重專業，切勿老王賣瓜的心態。

【注】①治也。

「是故以天下與人易，為天下得人難。孔子曰：『大哉堯之為君！惟天為大，惟堯則之，蕩蕩①乎民無能名②焉！君哉舜也。巍巍③乎，有天下而不與④焉。』堯舜之治天下，豈無所用其心哉？亦不用於耕耳。」

【眉批】孔子自認不如老農老圃，道不同不相為謀也。

【注】①廣遠貌。②稱呼。③大貌。④加多也。

「吾聞用夏變夷者，未聞變於夷者也。陳良、楚產①也，悅周公、仲尼之道，北學於中國，北方之學者，未能或之先也。彼所謂豪傑之士也。子之兄弟事之數十年，師死而遂倍②之。」

【眉批】勞心者役人，勞力者役於人。勞力者轉化為勞心者衆，勞心者轉化為勞力者寡。孔孟身為士大夫，當然側重勞心。

【注】①生也。②倍、背古今字。背叛也。

「昔者孔子沒①，三年之外，門人治任②將歸，入揖於子貢，相嚮而哭，皆失聲，然後歸。子貢反③，築室於場④，獨居三年，然後歸。」

【眉批】喪家慎終追遠的期間，勿須下田耕種。
【注】①沒、歾古今字。②整治行李。③反、返古今字。④墳上祭祀壇場。

「他日，子夏、子張、子游以有若似聖人，欲以所事孔子事之，彊①曾子，曾子曰：『不可，江漢以濯之，秋陽以暴②之，皜皜③乎不可尚④已。』」

【眉批】孔子門生，忙於習禮，無暇耕作。
【注】①彊、強古今字，強迫也。②暴、曝古今字。③甚白刺目也。④上也。

「今也南蠻鴃舌之人①，非先王之道，子倍子之師而學之，亦異於曾子矣。吾聞出於幽谷，遷於喬木者，未聞下喬木而入於幽谷者。」

【眉批】人往高處爬，水往低處流，君子不居下流。
【注】①北方人字正腔圓，嘲笑南方口音如鴃鳥之鳴。鴃，伯勞也。

「〈魯頌〉①曰：『戎狄是膺②，荊、舒③是懲。』周公方且膺之，子是④之學，亦為不善變⑤矣。」

【眉批】不學好，自甘墮落，終將自食惡果。
【注】①〈閟宮〉篇。②擊也。③南方二國名。④推崇、讚許。⑤教化。

「從許子之道，則市賈①不貳，國中無偽，雖使五尺之童適市，莫之或欺。布帛長短同，則賈相若；麻縷絲絮輕重同，則賈相若；五穀多寡同，則賈相若；屨大小同，則賈相若。」

【眉批】齊頭式的平等，將導致更多麻煩。
【注】①賈、價古今字。

曰：「夫物之不齊，物之情①也。或相倍②蓰③，或相什百，或相千萬，子比而同之，是亂天下也。巨屨小屨同賈，人豈為之哉？從許子之道，相率而為偽者也，惡能治國家？」

【眉批】孟子解農家之蔽，歪風不可長也。
【注】①實情。②兩倍。③五倍。

5

墨者夷之①，因徐辟②而求見孟子。孟子曰：「吾固願見，今吾尚病，病愈③，我且往見。」夷子不來。他日，又求見孟子。孟子曰：「吾今則可以見矣。不直則道不見，我且直之。」

【眉批】不同道不相見，亦不相為謀。不得已而見，則不妨各自表述，互相尊重，何必直來直往，乾瞪眼！
【注】①人名，信奉墨家。②孟子弟子。③愈、癒古今字，痊癒也。

「吾聞夷子墨者，墨之治喪也，以薄為其道也。夷子思以易天下，豈以為非是而不貴也？然而夷子葬其親厚，則是以所賤事親也。」

【眉批】從自然法則的觀點，厚葬徒然擾民浪費而已，墨家薄葬合乎自然法則，極其先進。從人道的觀點，厚葬極富人情味。兩者互為牴觸時，一切從簡的薄葬即可也。

　　徐子以告夷子，夷子曰：「儒者之道——古之人若保赤子，此言何謂也？之則以為愛無差等，施由親始。」

【眉批】墨家的種種主張，均缺乏反求諸己的功夫，以致推展困難。

　　徐子以告孟子，孟子曰：「夫夷子信以為人之親其兄之子為若親其鄰之赤子乎？彼有取①爾也，赤子匍匐將入井，非赤子之罪也。」

【眉批】愛有等差，人之常情。愛無等差，其中有詐，非真愛也。
【注】①有所求也。

　　「且天之生物也，使之一本，而夷子二本故也。」

【眉批】夷子認為生命二源，故提出兼愛說。

　　「蓋上世嘗有不葬其親者，其親死，則舉而委之於壑。他日過之，狐狸食之，蠅蚋姑①嘬之，其顙有泚②，睨而不視。夫泚也，非為人泚，中心達於面目。蓋歸反虆梩③而掩之。掩之誠是也，則孝子仁人之掩其親，亦必有道矣。」

【眉批】掩其親乃不忍人之心，簡單隆重可也，若繁文縟節之厚葬，與其奢也，寧簡。
【注】①螻蛄也。②冷汗直冒也。③籠插之屬。

　　徐子以告夷子，夷子憮然①，為間②，曰：「命③之矣。」

【眉批】墨者夷子不敵孟子精闢之辯，翻然受教。
【注】①失意貌。②片刻之間。③受教。

滕文公（下）

1

陳代①曰：「不見諸侯，宜若小然。今一見之，大則以王，小則以霸。且志②曰：『枉③尺而直尋④』，宜若可為也。」

【眉批】委屈以求全，孟子則不然，在他心目中，容不住一粒沙，寧為玉碎，不求瓦全。

【注】①孟子弟子。②古書。③屈也。④八尺。

孟子曰：「昔齊景公田，招虞人①以旌，不至，將殺之。志士不忘在溝壑②，勇士不忘喪其元③，孔子奚取焉？取非其招不往也，如不待其招而往，何哉？」

【眉批】主動投懷送抱，只要能用我，何必堅持己見，有志之士不為也。

【注】①守苑囿之吏。②置於死地。③首也。

「且夫枉尺而直尋者，以利言也。如以利，則枉尋直尺而利，亦可為與①？」

【眉批】為政者以直為優先考慮，利次之。

【注】①與、歟古今字。

「昔者趙簡子①使王良②與嬖奚③乘，終日而不獲一禽，嬖奚反命曰：『天下之賤工也。』或以告王良，良曰：『請復之。』彊④而後可，一朝而獲十禽。嬖奚反命曰：『天下之良工也。』簡子曰：『我使掌⑤與女乘。』謂王良，良不可。曰：『吾為之範⑥我馳驅，終日不獲一。為之詭遇⑦，一朝而獲十。』《詩》云⑧：『不失其馳，舍矢如破⑨。我不貫與小人乘，請辭。』御者且羞與射者比，比而得禽獸，雖若丘陵⑩，弗為也。如枉道而從彼，何也？且子過矣！枉己者，未有能直人者也。」

【眉批】直道而行，不為枉道做衣裳，孟子秉此而能獨立思考與作為，強哉矯！
【注】①晉卿。②善御者。③簡子寵臣。④逼迫。⑤主控。⑥法度。⑦横而射之。⑧〈小雅・車攻〉篇。⑨射中目標。⑩堆積如山，豐厚也。

2

景春①曰：「公孫衍②、張儀③，豈不誠大丈夫哉！一怒而諸侯懼，安居而天下熄④。」

【眉批】縱橫家搞權謀，只求目的，無所不用其極。
【注】①孟子時人，縱橫家。②魏人，號為犀首，常佩五國相印為縱長。③合縱者，為秦立大功。④熄兵革也。

孟子曰：「是焉得為大丈夫乎？子未學禮乎？丈夫之冠也，父命之。女子之嫁也，母命之，往送之門，戒①之曰：『往之女②家，必敬必戒，無違夫子。』以順為正者，妾婦之道也。」

【眉批】孟子譏諷縱橫家如同百依百順的小丈夫或婦道人家。
【注】①戒、誡古今字。②女、汝古今字。

「居天下之廣居①、立天下之正位、行天下之大道，得志與民由之，不得志獨行其道。富貴不能淫、貧賤不能移、威武不能屈，此之謂大丈夫。」

【眉批】大丈夫乃光明磊落，小丈夫則承人鼻息，二者天壤之別。
【注】①大廈，孟子喻爲仁。

3

周霄①問曰：「古之君子仕乎？」孟子曰：「仕。傳曰：『孔子三月無君，則皇皇②如也，出疆必載質③。』公明儀曰：『古之人，三月無君則弔。』」

【眉批】當官是磨練，不經磨練，眞假難辨。
【注】①魏人。②皇、惶古今字。③伴手禮。

「三月無君則弔，不以急乎？」曰：「士之失位也，猶諸侯之失國家也。《禮》①曰：『諸侯耕助，以供粢②盛③。夫人蠶繅，以為衣服。犧牲不成④，粢盛不絜⑤，衣服不備⑥，不敢以祭。惟士無田，則亦不祭。牲殺器皿衣服不備，不敢以祭，則不敢以宴，亦不足弔乎？』」

【眉批】衣食父母一旦從缺，當官廟祭亦可廢，三者環環相扣。
【注】①《禮記·曲禮》。②高梁。③稻。④肥。⑤絜、潔古今字。⑥齊全。

「出疆必載質，何也？」曰：「士之仕也，猶農夫之耕也，農夫豈為出疆舍其耒耜哉？」

【眉批】官場拜訪，互贈禮物，古今中外皆然。無有例外，禮輕情誼重也。

曰：「晉國亦仕國①也，未嘗聞仕如此其急，仕如此其急也，君子之難仕②何也？」曰：「丈夫生而願為之有室，女子生而願為之有家，父母之心，人皆有之。不待父母之命，媒妁之言，鑽穴隙相窺，踰牆相從，則父母國人皆賤之。」

【眉批】樂於當官者，非君子。
【注】①可仕之國。②不輕易當官。

「古之人未嘗不欲仕也，又惡不由其道，不由其道而往者，與①鑽穴隙之類也。」

【眉批】仕途有正邪，行正避邪，何樂不仕？
【注】①友也。

4

彭更①問曰：「後車數十乘，從者數百人，以傳食於諸侯，不以泰②乎？」

【眉批】由此可知，孟子遊說諸侯的陣仗之大。
【注】①孟子弟子。②泰、太古今字。

孟子曰：「非其道，則一簞食不可受於人，如其道，則舜受堯之天下，不以為泰，子以為泰乎？」

【眉批】待遇之高低，取決於本事貢獻之大小。

曰：「否。士無事而食，不可也。」曰：「子不通功易事，以羨①補不足，則農有餘粟，女有餘布。子如通之，則梓匠輪輿，皆

得食於子。於此有人焉，入則孝，出則悌，守先王之道，以待後之學者，而不得食於子，子何尊梓匠輪輿而輕為仁義者哉？」曰：「梓匠輪輿，其志將以求食也。君子之為道也，其志亦將以求食與？」

【眉批】人人為我，我為人人，孟子謂之通功易事。
【注】①餘也。

曰：「子何以其志為哉？其有功於子，可食而食之矣。且子食志乎？食功乎？」曰：「食志。」

【眉批】勞心者食志，勞力者食功。

曰：「有人於此。毀瓦畫墁①，其志將以求食也，則子食之乎？」曰：「否。」曰：「然則子非食志也，食功也。」

【眉批】無功不受祿，何況倒行逆施者也？
【注】①塗鴉也。

5

萬章問曰：「宋，小國也。今將行王政，齊楚惡而伐之，則如之何？」

【眉批】蓮花出於污泥而不染，花中君子也。仁政小國，亦得穿梭於大國之間以求自保。

孟子曰：「湯居亳，與葛①為鄰。葛伯放②而不祀，湯使人問之曰：『何為不祀？』曰：『無以供犧牲也。』湯使遺③之牛羊，葛伯食之，又不以祀。湯又使人問之曰：『何為不祀？』曰：『無

以供粢盛④也。』湯使亳眾往為之耕，老弱饋⑤食。葛伯率其民，要⑥其有酒食黍稻者奪之，不授者殺之，有童子以黍肉餉⑦，殺而奪之。《書》⑧曰：『葛伯仇餉』，此之謂也。為其殺是童子而征之，四海之內皆曰：非富天下也，為匹夫匹婦復讎也。」

【眉批】欲取之，必先予之，此之謂也。

【注】①夏代諸侯。②放縱。③贈送。④稷稻。⑤贈食。⑥要、腰古今字，此指半途。⑦送食。⑧見於〈湯征〉篇。

「湯始征，自葛載①，十一征而無敵於天下，東面而征西夷怨，南面而征北狄怨，曰：『奚為後我？』民之望之，若大旱之望雨也。歸市者弗止，芸者不變，誅其君，弔其民，如時雨降，民大悅。《書》②曰：『徯我后，后來其無罰。』」

【眉批】小而美勝過大而無當，誰說大就是美？

【注】①始也。②語見《尚書・逸篇》。

「『有攸①不為臣，東征綏②士女，匪③厥玄黃④，紹⑤我周王見休⑥，惟臣附于大邑⑦周。』其君子實⑧玄黃於匪以迎其君子，其小人簞食壺漿以迎其小人。救民於水火之中，取⑨其殘⑩而已矣。」

【眉批】周弔民伐罪，勝殘去殺，百姓是無辜的，罪在少數政客，殺一警萬可也。

【注】①攸國。②安服。③匪、篚古今字，此作動詞裝箱。④深黑、黃色之綢緞。⑤承也。⑥美也。⑦幅員廣大。⑧裝滿。⑨除去。⑩殘酷者。

「〈太誓〉①曰：『我武惟揚，侵于之疆，則取于殘，殺伐用張，于湯有光。』」

【眉批】武王師法商湯，殺殘紂而已，唯仁人能殺人也。
【注】①古《尚書》篇名。

「不行仁政云爾！苟行王政，四海之內，皆舉首而望之，欲以為君，齊楚雖大，何畏焉？」

【眉批】小國抗拒大國，端賴行仁政而已？

6

孟子謂戴不勝①曰：「子欲子之王之善與？我明告子：有楚大夫於此，欲其子之齊語也，則使齊人傅②諸？使楚人傅諸？」曰：「使齊人傅之。」曰：「一齊人傅之，眾楚人咻③之，雖日撻④而求其齊也，不可得矣。引而置之莊、嶽⑤之間數年，雖日撻而求其楚，亦不可得矣。」

【眉批】孟子頗有乃母三遷之風，學習語言尤為有效。
【注】①宋臣。②師傅。③召呼。④打擊。⑤齊街里名。

「子謂薛居州①善士也，使之居於王所。在於王所者，長幼卑尊皆薛居州也，王誰與為不善？在王所者，長幼卑尊皆非薛居州也，王誰與為善？一薛居州，獨②如宋王何？」

【眉批】近朱則赤，近墨則黑，君側定君是也。
【注】①宋之善士。②但也。

7

　　公孫丑問曰：「不見諸侯，何義？」孟子曰：「古者不為臣，不見。段干木①踰垣而辟②之，泄柳③閉門而不內④，是皆已甚，迫，斯可以見矣。陽貨⑤欲見孔子而惡無禮，大夫有賜於士，不得受於其家，則往拜其門。陽貨矙⑥孔子之亡也而饋孔子蒸豚，孔子亦矙其亡也而往拜之。當是時，陽貨先，豈得不見？曾子曰：『脅肩⑦諂笑⑧，病⑨于夏畦⑩。』子路曰：『未同⑪而言，觀其色赧赧⑫然，非由之所知也。』由是觀之，則君子之所養，可知已矣。」

【眉批】非禮毋親聽、言、動是也。當時的諸侯不能禮賢下士，孟子選擇不如不見。

【注】①魏人。②辟、避古今字。③魯繆公時人。④內、納古今字。⑤魯大夫。⑥視也。⑦竦體。⑧強笑也。⑨苦也。⑩夏天治田之苦。⑪志不同。⑫慚愧之貌。

8

　　戴盈之①曰：「什一②，去關③市④之征⑤。今茲⑥未能，請輕之，以待來年然後已⑦，何如？」孟子曰：「今有人日攘⑧其鄰之雞者，或告之曰：『是非君子之道。』曰：『請損之，月攘一雞，以待來年然後已。』如知其非義⑨，斯速已矣，何待來年？」

【眉批】當即行善，不找藉口。

【注】①宋大夫。②井田制度。③關卡。④市集。⑤征、徵古今字。⑥今年。⑦止徵。⑧盜竊。⑨義、儀古今字，法也。

9

公都子①曰：「外人皆稱夫子好辯，敢問何也？」孟子曰：「我豈好辯哉，予不得已也。」

【眉批】好辯令人厭，若為眞理正義而辯，則是好事一椿。
【注】①孟子弟子。

「天下之生①久矣，一治一亂。」

【眉批】長治久安，乃欺人之談。
【注】①生民。

「當堯之時，水逆行，氾濫於中國①，蛇龍居之，民無所定，下者②為巢，上者③為營窟。《書》④曰：『洚水警余』。洚水者，洪水也。使禹治之，禹掘地而注之海，驅蛇龍而放之菹⑤，水由地中行，江淮河漢是也。險阻既遠，鳥獸之害人者消，然後人得平土而居之。」

【眉批】三代人是由洪水嚇大的。
【注】①國之中。②低等動物。③高等動物。④《尚書・逸篇》。⑤澤有草者。

「堯舜既沒①，聖人之道衰，暴君代作，壞宮室以為汙池，民無所安息，棄田以為園囿，使民不得衣食，邪說暴行又作，園囿汙池沛澤多而禽獸至。」

【眉批】大禹為德不卒，種下夏亡的敗因。
【注】①沒、歿古今字。

「及紂之身，天下又大亂。周公相武王，誅紂伐奄①，三年討其君，驅飛廉②於海隅而戮之，滅國者五十，驅虎豹犀象而遠之，天下大悅。《書》③曰：『丕④顯⑤哉！文王謨。丕承⑥哉！武王烈⑦。佑啟我後人，咸以正無缺。』」

【眉批】商紂大亂，文武平定之。

【注】①東方之國。②紂諛臣。③《尚書‧逸篇》。④大也。⑤明也。⑥承繼也。⑦功業大也。

「世衰道微，邪說暴行有作，臣弒其君者有之，子弒其父者有之。孔子懼，作《春秋》。《春秋》，天子之事也。是故孔子曰：『知我者其惟《春秋》乎？罪我者其惟《春秋》乎？』」

【眉批】孔子作《春秋》，以微言大義，試圖撥亂反正。平心而論，亂臣賊子卻毫無畏懼。

「聖王不作，諸侯放恣，處士①橫議②，楊朱墨翟之言盈天下，天下之言，不歸楊，則歸墨。楊氏為我，是無君也。墨氏兼愛，是無父也。無父無君，是禽獸也。公明儀③曰：『庖有肥肉，廄有肥馬，民有飢色，野有餓莩，此率獸而食人也。』楊墨之道不息，孔子之道不著，是邪說誣民，充塞仁義也。仁義充塞，則率獸食人，人將相食。吾為此懼，閑④先聖之道，距⑤楊墨，放淫辭，邪說者不得作，作於其心，害於其事，作於其事，害於其政。聖人復起，不易吾言矣。」

【眉批】孟子閑習道統，嚴評楊墨之害。

【注】①不官朝而居家之士。②亂發議論。③魯賢人。④嫻熟。⑤距、拒古今字。

「昔者禹抑洪水而天下平，周公兼夷狄，驅猛獸而百姓寧，孔子成《春秋》而亂臣賊子懼。《詩》①云：『戎狄是膺②，荆舒是懲，則莫我敢承。』無父無君，是周公所膺也。我亦欲正人心，息邪說、距詖③行、放淫辭，以承三聖者，豈好辯哉！予不得已也，能言距楊墨者，聖人之徒也。」

【眉批】孟子自認天將降大任於己，故勇往直前，無所畏懼，言人所不敢言也。

【注】①〈魯頌·閟宮〉。②攻擊。③偏激。

⑩

匡章①曰：「陳仲子②豈不誠廉士哉？居於陵③，三日不食，耳無聞，目無見也。井上有李，螬④食實者過半矣，匍匐往，將食之，三咽然後耳有聞，目有見。」

【眉批】吃、喝、拉、撒乃萬物賴以為生的自然本領，常態最好，輕易禁削，則將折損生命的價值。

【注】①齊人。②齊之高士。③地名。④蟲名。

孟子曰：「於齊國之士，吾必以仲子為巨擘①焉。雖然，仲子惡能廉？充②仲子之操，則蚓而後可者也。夫蚓上食槁壤，下飲黃泉。仲子所居之室，伯夷之所築與？抑亦盜跖之所築與？所食之粟，伯夷之所樹與？抑亦盜跖之所樹與？是未可知也。」

【眉批】至潔不健、挑剔無友。睜一眼、閉一眼，廣納百川，以成江海。

【注】①大拇指。②全也，滿也。

曰：「是何傷哉！彼身織屨①，妻辟纑②，以易之也。」

【眉批】衣鞋自給，以物易物。
【注】①編織草鞋。②練製麻衣。

曰：「仲子，齊之世家也，兄戴，蓋祿①萬鍾。以兄之祿為不義之祿而不食也，以兄之室為不義之室而不居也。避兄離母，處於於陵。他日歸，則有饋其兄生鵝者，己頻顣②曰：『惡用是鶃鶃者為哉？』他日，其母殺是鵝也，與之食之。其兄自外至，曰：『是鶃鶃之肉也。』出而哇③之。以母則不食，以妻則食之，以兄之室則弗居，以於陵則居之。是尚為能充其類也乎？若仲子者，蚓而後充其操者也。」

【眉批】過度吹毛求疵，損人又害己，不如中庸而行。
【注】①封於蓋地之祿。②皺眉頭。③吐也。

第四篇　　　離婁

離婁（上）

①

　　孟子曰：「離婁①之明，公輸子②之巧，不以規矩，不能成方員；師曠③之聰，不以六律④，不能正五音⑤；堯舜之道，不以仁政，不能平治天下。」

【眉批】人治加法治，始克完美。

【注】①黃帝時之明目人。②魯班、魯之巧匠。③晉平公時之樂太師。④陽律：太蔟、姑洗、蕤賓、夷則、無射、黃鐘。⑤宮、商、角、徵、羽。

　　「今有仁心仁聞，而民不被其澤，不可法於後世者，不行先王之道也。」

【眉批】天賦加上天成，仍嫌不足，尚須借助先人的經驗，三合一，始得行仁政。

　　「故曰：徒善不足以為政，徒法不能以自行。《詩》①云：『不愆ㄑㄧㄢ②不忘，率由舊章。』遵先王之法而過者，未之有也。」

【眉批】善心兼有良法導向，可以無過矣。

【注】①〈大雅·嘉樂〉。②過也。

「聖人既竭目力焉，繼之以規矩準繩，以為方員①平直，不可勝用也。既竭耳力焉，繼之以六律正五音，不可勝用也。既竭心思焉，繼之以不忍人之政，而仁覆②天下矣。故曰：為高必因丘陵，為下必因川澤，為政不因先王之道，可謂智乎？」

【眉批】成功的因素在盡己、利他、反思與推仁。

【注】①員、圓古今字。②普及、充塞。

「是以惟仁者宜在高位，不仁而在高位，是播其惡於眾也。上無道揆也，下無法守也，朝不信道，工不信度，君子犯義，小人犯刑，國之所存者，幸也。」

【眉批】仁者居高位，公權力得貫徹，兆民之慶也。

「故曰：城郭①不完②，兵甲不多，非國之災也。田野不辟③，貨財不聚，非國之害也。上無禮，下無學，賊民興，喪無日矣。《詩》④云：『天之方蹶⑤，無然泄泄⑥。』泄泄猶沓沓也。事君無義⑦，進退無禮，言則非先王之道者，猶沓沓也。」

【眉批】武力不一定要強，財富不一定要多，上下嚴守綱紀，安樂之國也。

【注】①郭、廓古今字。②堅固。③辟、闢古今字。④〈大雅・板〉。⑤動盪。⑥昏亂。⑦義、儀古今字。

「故曰：責難於君謂之恭，陳善閉邪謂之敬，吾君不能謂之賊。」

【眉批】為臣須恭敬，為君不當賊，平治可期。

2

孟子曰：「規矩，方員之至也。聖人，人倫之至也。欲為君盡君道，欲為臣盡臣道，二者皆法堯舜而已矣。不以舜之所以事堯事君，不敬其君者也。不以堯之所以治民治民，賊其民者也。孔子曰：『道二，仁與不仁而已矣。』暴其民，甚則身弒國亡，不甚則身危國削，名之曰幽厲，雖孝子慈孫，百世不能改也。《詩》云：『殷鑒不遠，在夏后之世。』，此之謂也。」

【眉批】君有君規，臣有臣矩，各發揮應盡之責，上下同憂樂也。

3

孟子曰：「三代之得天下也以仁，其失天下也以不仁，國之所以廢興存亡者亦然。天子不仁，不保四海；諸侯不仁，不保社稷；卿大夫不仁，不保宗廟；士庶人不仁，不保四體。今惡死亡而樂不仁，是由①惡醉而強酒②。」

【眉批】仁既能左右興亡憂樂，何樂而不為？
【注】①猶也。②猛喝酒。

4

孟子曰：「愛人不親反①其仁，治人不治反其智，禮人不答反其敬，行有不得者，皆反求諸己，其身正而天下歸之。《詩》云：『永言②配命，自求多福。』」

【眉批】倦鳥歸林，遊子返鄉，浪子回頭，反（返）之誼也大矣哉！
【注】①反、返古今字。②語助詞。

5

孟子曰：「人有恆言①。皆曰：天下國家。天下之本在國，國之本在家，家之本在身。」

【眉批】身之本在心，心之本在誠，誠之本在知，知之本在物。
【注】①老生常談。

6

孟子曰：「為政不難，不得罪於巨室①。巨室之所慕，一國慕之，一國之所慕，天下慕之，故沛然德教溢乎四海。」

【眉批】權貴得罪不起，商鞅是最佳例子。
【注】①權貴。

7

孟子曰：「天下有道：小德役①大德，小賢役大賢；天下無道：小役大，弱役強。斯二者，天也。順天者存，逆天者亡。齊景公曰：『既不能令，又不受命，是絕物②也。』涕出而女於吳③。」

【眉批】天下有道或無道，由天決定，太消極。然而，人定是可以勝天的，存亡繫乎人，非由天。
【注】①服務。②謝絕不來往。③齊女為質於吳。

「今也小國師大國而恥受命焉，是猶弟子而恥受命於先師也。如恥之，莫若師文王。師文王，大國五年，小國七年，必為政於天下矣。《詩》①云：『商之孫子，其麗②不億，上帝既命，侯③于周

服。侯服于周，天命靡常，殷士膚④敏⑤，祼⑥將⑦于京⑧。』」

【眉批】爲政莫若師文王，大國先師何足算哉！
【注】①〈大雅·文王〉。②多也。③語助詞。④大也。⑤勤奮也。⑥祭名。⑦行也。⑧京畿也。

　　「孔子曰：『仁，不可為眾也。夫國君好仁，天下無敵。』今也欲無敵於天下而不以仁，是猶執熱①而不以濯也。《詩》②云：『誰能執熱，逝不③以濯。』」

【眉批】仁君無敵。
【注】①手執熱物。②〈大雅·桑柔〉。③何不。

8

　　孟子曰：「不仁者可與言哉？安其危而利其菑①，樂其所以亡者。不仁而可與言，則何亡國敗家之有？」

【眉批】不仁者是無可救藥的，不仁者是病入膏肓的，徒然浪費資源而已！遠離他，或置諸死地，唯此二途。
【注】①菑、災古今字。

　　「有孺子①歌曰：『滄浪之水清兮，可以濯我纓；滄浪之水濁兮，可以濯我足。』孔子曰：『小子②聽之，清斯濯纓，濁斯濯足矣。自取之也。』」

【眉批】同類相得益彰。
【注】①童子。②年輕人。

「夫人必自侮，然後人侮之；家必自毀，而後人毀之；國必自伐，而後人伐之。太甲曰：『天作孽，猶可違；自作孽，不可活。』此之謂也。」

【眉批】生老病死，悲歡離合，成敗毀辱等等，全皆自取之也。

9

孟子曰：「桀紂之失天下也，失其民也。失其民者，失其心也。得天下有道，得其民，斯得天下矣。得其民有道，得其心，斯得民矣。得其心有道，所欲與之聚之，所惡勿施，爾①也。」

【眉批】透過精確的民意調查，全力助民達成所欲，是得政權的最有效手段。
【注】①如此、而已。一解作爾、邇古今字，近也。

「民之歸仁也，猶水之就下，獸之走壙也。故為淵毆①魚者，獺也。為叢毆爵②者，鸇也。為湯武毆民者，桀與紂也。今天下之君有好仁者，則諸侯皆為之毆矣。雖欲無王，不可得矣。」

【眉批】誘導民眾趨仁如水之就下者，即是天下的盟主。
【注】①毆、驅古今字。②雀之通假。

「今之欲王者，猶七年之病，求三年之艾①也。苟為不畜②，終身不得。苟不志於仁，終身憂辱，以陷於死亡。《詩》③云：『其何能淑？載④胥⑤及溺⑥。』此之謂也。」

【眉批】要怎麼收穫，就怎麼栽。
【注】①艾草，草藥名。②畜、蓄古今字，收藏也。③〈大雅·桑柔〉。④語助詞。⑤相互。⑥陷害。

⑩

孟子曰：「自暴者，不可與有言也。自棄者，不可與有為也。言非禮義①，謂之自暴也。吾身不能居仁由義，謂之自棄也。仁，人之安宅也。義，人之正路也。曠②安宅而弗居，舍③正路而不由，哀哉！」

【眉批】自暴自棄者，上帝也救不了他。
【注】①義、儀古今字。②廢也。③舍、捨古今字。

⑪

孟子曰：「道在邇①而求諸遠，事在易而求諸難。人人親其親，長其長，而天下平。」

【眉批】親親長長是平天下的最近距離，故至理常在老生常談之中。
【注】①近也。

⑫

孟子曰：「居下位而不獲於上，民不可得而治也。獲於上有道，不信於友，弗獲於上矣。信於友有道，事親弗悅，弗信於友矣。悅親有道，反身不誠，不悅於親矣。誠身有道，不明乎善，不誠其身矣。」

【眉批】明辨善惡是非乃誠身、悅親、信友、獲上的關鍵所在，可見知人的重要性。

「是故誠者，天之道也。思誠者，人之道也。至誠而不動者，未之有也。不誠，未有能動者也。」

【眉批】精誠所至，金石爲開。西諺亦云：「誠是上上策。」

⑬

孟子曰：「伯夷辟①紂，居北海之濱，聞文王作興，曰：『盍歸乎來，吾聞西伯善養老者。』太公辟紂，居東海之濱，聞文王作興，曰：『盍歸乎來，吾聞西伯善養老者。』二老者，天下之大老也，而歸之，是天下之父歸之也。天下之父歸之，其子焉往？諸侯有行文王之政者，七年之內，必爲政於天下矣。」

【眉批】老者安之的社會福利做完備，文王賴之而興。若再添少者懷之的幼教措施，壯者將不必瞻前顧後，百工勢必發達，超越文王之政不難也。
【注】①辟、避古今字。

⑭

孟子曰：「求①也爲季氏②宰③，無能改於其德，而賦粟倍他日④。孔子曰：『求非我徒也，小子鳴鼓而攻之可也。』由此觀之，君不行仁政而富之，皆棄於孔子者也，況於爲之強戰？爭地以戰，殺人盈野，爭城以戰，殺人盈城，此所謂率土地而食人肉，罪不容於死。」

【眉批】孔孟之徒何止反戰而已，更是重視清廉而反貪。
【注】①孔子弟子冉求。②魯卿季康子。③家臣。④昔日。

「故善戰者，服上刑。連諸侯者，次之。辟①草萊，任②土地者，次之。」

【眉批】兵家、縱橫家、農家皆有所偏，爲害至巨，孟子一併反對。

【注】①辟、闢古今字。②指開發過度。

⑮

孟子曰：「存乎人者，莫良於眸子①，眸子不能掩其惡。胸中正，則眸子瞭②焉。胸中不正，則眸子眊③焉。聽其言也，觀其眸子，人焉廋④哉？」

【眉批】孟子觀人於眼神，明亮則正，模糊則不正，此中有眞意，欲辯已忘言。

【注】①眼珠。②明亮。③不明。④隱匿。

⑯

孟子曰：「恭者不侮人，儉者不奪人。侮奪人之君，惟恐不順焉，惡得爲恭儉？恭儉豈可以聲音笑貌爲哉？」

【眉批】恭儉假不來，裝不得，持此兩端以觀人，人焉廋哉？

⑰

淳于髡①曰：「男女授受不親②，禮與？」孟子曰：「禮也。」曰：「嫂溺，則援之以手乎？」曰：「嫂溺不援，是豺狼也。男女授受不親，禮也。嫂溺援之以手者，權③也。」

【眉批】禮儀法律不外乎人情，苛政猛於虎，嚴刑峻法傷於理，以殺止殺，民
　　　　不畏死矣。

【注】①齊人。②指不以手相與。③權衡輕重。

　　曰：「今天下溺矣！夫子不援，何也？」曰：「天下溺，援之
以道。嫂溺，援之以手。子欲手援天下乎？」

【眉批】救天下，非同小可，豈是舉手之勞所能為？無已，援之以道也。

⑱

　　公孫丑曰：「君子之不教子，何也？」孟子曰：「勢不行也。
教者必以正，以正不行，繼之以怒，則反夷①矣。夫子教我以正，
夫子未出於正也，則是父子相夷也。父子相夷，則惡矣。古者易子
而教之，父子之間不責善，責善則離，離則不祥莫大焉。」

【眉批】不責善，何止父子之間而已，君臣、夫妻、兄弟、朋朋亦莫不如是，
　　　　無已，微婉諷諫，好言相勸，不聽則止，何必輕毀彼此之間的關係
　　　　呢？

【注】①傷也。

⑲

　　孟子曰：「事孰為大？事親為大。守孰為大？守身為大。不失
其身而能事其親者，吾聞之矣。失其身而能事其親者，吾未之聞
也。孰不為事？事親，事之本也，孰不為守？守身，守之本也。」

【眉批】欲當孝子，健康身心是先決條件，不幸短命的顏回，不配當孝子。

「曾子養曾晳，必有酒肉，將徹，必請所與。問有餘？必曰有。曾晳死，曾元養曾子，必有酒肉，將徹，不請所與；問有餘？曰亡矣，將以復進也，此所謂養口體者也。若曾子，則可謂養志也。事親若曾子者，可也。」

【眉批】孝子養志，口體之養，非孝也。

⑳

孟子曰：「人不足與適①也，政不足閒②也，惟大人③為能格④君心之非。君仁莫不仁，君義莫不義，君正莫不正。一正君而國定矣。」

【眉批】白費口舌與無藥可救之際，只有德望高的人能矯正人君的錯誤。
【注】①讁也。②批評。③德望高者。④正也。

㉑

孟子曰：「有不虞①之譽，有求全之毀。」

【眉批】歪打正著與無中生有發生時，那是極其短暫，難持久，先別高興太早。
【注】①度也。

㉒

孟子曰：「人之易其言也，無責耳矣。」

【眉批】有責之言，輕易不得。無責之言，也不宜毫無約束，巧言招損，屢見不鮮。

㉓

孟子曰：「人之患在好為人師。」

【眉批】好為人師令人厭惡反感，負面居多。如能好為學徒，虛懷若谷，謙謙
　　　受教，福在其中矣。

㉔

樂正子①從於子敖②之齊。樂正子見孟子。孟子曰：「子亦來見
我乎？」曰：「先生何為出此言也？」曰：「子來幾日矣？」曰：
「昔者③。」曰：「昔者，則我出此言也，不亦宜乎？」曰：「舍
館未定。」曰：「子聞之也，舍館定，然後求見長者乎？」曰：
「克④有罪。」

【眉批】天地君親師，師的地位何其重大，樂正子有罪，孟子責之。
【注】①魯人，孟子弟子。②齊使。③數日。④樂正子之名。

㉕

孟子謂樂正子曰：「子之從於子敖來，徒餔ㄅㄨ啜ㄔㄨㄛ①也。我不意
子學古之道②而以餔啜也。」

【眉批】吃喝拉撒，人人皆同，有志之士不僅於此，尚須提高精神層次。
【注】①古語，猶今言「混口飯吃」。②古聖先賢之道。

㉖

孟子曰：「不孝有三，無後為大。」

【眉批】今人普遍以種種理由為藉口，終身不婚不育，皆是大不孝也。

「舜不告而娶，為無後也，君子以為猶告也。」

【眉批】婚姻是自家事，如有特殊原因，可以不告而娶，不礙行孝也。

㉗

孟子曰：「仁之實，事親是也；義之實，從兄是也；智之實，知斯二者弗去是也；禮之實，節文①斯二者是也；樂之實，樂斯二者。」

【眉批】仁義智禮樂似乎抽象，難捉摸，孟子實化之，極淺顯易行。
【注】①節制文飾。

「樂則生矣，生則惡①可已也。惡可已，則不知足之蹈之，手之舞之。」

【眉批】實踐仁義禮智的效果，樂則生矣。
【注】①惡、烏相通。

28

　　孟子曰：「天下大悅而將歸己，視天下悅而歸己猶草芥也，惟
舜為然。不得乎親，不可以為人；不順乎親，不可以為子。舜盡事
親之道而瞽瞍①厎⃰②豫③，瞽瞍厎豫而天下化，瞽瞍厎豫而天下之
為父子者定，此之謂大孝。」

【眉批】舜之大孝雖屬寓言，不盡可信，卻已傳達孝治的教育目標。
【注】①舜之頑父。②致也。③樂也。

離婁（下）

1

孟子曰：「舜生於諸馮ㄈㄥˊ①，遷於負夏②，卒於鳴條③，東夷之人也。文王生於岐周④，卒於畢郢ㄧㄥˊ⑤，西夷之人也。地之相去也千有餘里，世之相後也千有餘歲，得志行乎中國，若合符節，先聖後聖，其揆⑥一也。」

【眉批】地無分東西南北，時不論古今，成為聖人的標準都是一樣的。
【注】①②③④⑤皆地名。⑥法度。

2

子產聽①鄭國之政，以其乘輿濟人於溱、洧②。孟子曰：「惠③而不知為政。歲十一月徒杠④成，十二月輿梁⑤成，民未病⑥涉也。君子平其政，行辟⑦人可也，焉得人人而濟之。故為政者，每人而悅之，日⑧亦不足矣。」

【眉批】子產執政，備受讚譽，獨孟子譏之，原來子產善施小惠而已，長治久安的建設，竟付闕如。
【注】①執政。②水名。③小恩惠。④徒步橋。⑤行車橋。⑥苦也。⑦辟、僻古今字。⑧代表時間。

3

　　孟子告齊宣王曰：「君之視臣如手足，則臣視君如腹心；君之視臣如犬馬，則臣視君如國人①；君之視臣如土芥②，則臣視君如寇讎。」

【眉批】孟子提出君臣相對論，亂君奴臣焉能不懼？
【注】①同屬一國之人，彼此不熟識、不關心。②草也。

　　王曰：「禮為舊君有服①，何如斯可為服矣？」曰：「諫行言聽，膏澤下於民，有故而去，則君使人導之出疆，又先②於其所往，去三年不反③，然後收其田里，此之謂三有禮焉。如此則為之服矣。」

【眉批】君如對臣不義，則臣不必效愚忠。
【注】①喪服。②先遣人員。③反、返古今字。

　　「今也為臣：諫則不行、言則不聽、膏澤不下於民，有故而去則君搏執之，又極①之於其所往。去之日遂收其田里，此之謂寇讎，寇讎何服之有？」

【眉批】君臣若處於敵對狀態，君不敬臣，哪有忠臣？
【注】①逼迫也。

4

　　孟子曰：「無罪而殺士，則大夫可以去①；無罪而戮民，則士可以徙②。」

【眉批】生命最可貴，任何人都不能濫殺無辜，甚至有辜亦有寬容以待的機
　　　會。

【注】①奪其官職。②流放。

5

孟子曰：「君仁莫不仁，君義莫不義。」

【眉批】風動草偃、在乎一二人之心、上行下效是互動的。

6

孟子曰：「非禮之禮，非義之義，大人①弗為。」

【眉批】有禮無體，非禮也；有義無實，非義也。品格德性高超者，特重實
　　　體，不尙虛表也。

【注】①品格德性高超者。

7

孟子曰：「中也養不中，才也養不才，故人樂有賢父兄也。如
中也棄不中，才也棄不才，則賢不肖之相去，其間不能以寸。」

【眉批】不中不才的身心有所殘障，先進國家皆特別立法以助之。

8

孟子曰：「人有不為也，而後可以有為。」

【眉批】無所不爲，難以有爲；無爲者，注定終身無爲；愼擇焉，然後可以大
　　　有爲。

⑨

孟子曰：「言人之不善，當如後患何？」

【眉批】言人之不善，要有證據，莫憑空虛構或誇大其詞，後患當然就少。明
知其不善而不言，鄉愿之流，德之賊也，故孔子曰：「知我者春秋，
罪我者春秋。」

⑩

孟子曰：「仲尼不為已甚①者。」

【眉批】激進或頹廢皆是「已甚者」，孔子走中道路線是也。
【注】①猶今言「鑽牛角尖」。

⑪

孟子曰：「大人①者，言不必信，行不必果②，惟義所在。」

【眉批】義比信、果重要，三者得兼最佳，不得已，信與果皆可拋。
【注】①德性高尚者。②果決。

⑫

孟子曰：「大人者，不失其赤子①之心者也。」

【眉批】赤子之心零污染，純乎其純的象徵，受污染則非大人矣。
【注】①嬰兒。

13

孟子曰：「養生①者不足以②當大事③，惟送死④可以當大事。」

【眉批】孝親未盡，不許人獻身，古例不少。
【注】①事親致養。②時候未到。③捐軀殉國之事。④辦妥親喪之事。

14

孟子曰：「君子深造之以道，欲其自得之也。自得之則居之安，居之安則資之深，資之深則取之左右逢其原①，故君子欲其自得之也。」

【眉批】自得之道，根深蒂固。他鑠之道，輕易閃失。
【注】①原、源古今字。

15

孟子曰：「博學而詳說之，將以反①說約②也。」

【眉批】如能透徹解析博大的學問，將可以回到簡要的說明。
【注】①反、返古今字。②簡要。

16

孟子曰：「以善服人者，未有能服人者也。以善養人，然後能服天下，天下不心服而王者，未之有也。」

【眉批】力服是下下策，心服乃上上策。力不能養人，仁恩足以服天下。

17

孟子曰：「言無實不祥，不祥之實，蔽賢者當①之。」

【眉批】擋路非好狗，蔽賢致不祥，言無實也。

【注】①當、擋古今字。

18

徐子①曰：「仲尼亟②稱於水曰：『水哉！水哉！』何取於水也？」孟子曰：「原泉混混③，不舍晝夜，盈科④而後進，放⑤乎四海。有本⑥者如是，是之取爾。苟為無本，七八月之間雨集，溝澮⑦皆盈，其涸⑧也，可立而待也。故聲聞過情⑨，君子恥之。」

【眉批】來得快，去得也快，不如慢工出細活，把根本紮固，可長可久。

【注】①徐辟，孟子弟子。②經常。③豐流。④科、堁古今字，坎也，坑也。⑤奔流。⑥底子。⑦小溝。⑧乾枯。⑨實情。

19

孟子曰：「人之所以異於禽獸者幾希①，庶民去之，君子存之。舜明於庶物，察於人倫，由仁義行，非行②仁義也。」

【眉批】君子人由仁義行，庶民由禽獸行，一線之隔，「0」與「1」之別而已。

【注】①希、稀古今字。②勉強而行。

20

孟子曰：「禹惡旨酒，而好善言；湯執中①，立賢無方②；文王視民如傷，望道而未之見；武王不泄③邇，不忘遠；周公思兼三王④，以施四事⑤，其有不合者，仰而思之，夜以繼日，幸而得之，坐以待旦。」

【眉批】明君賢相各有看家本領，殊道而同治。

【注】①中庸之道。②無地域之分。③狎也。④三代之王，堯、舜、禹也。⑤禹、湯、文、武所行事也。

21

孟子曰：「王者①之迹熄而詩亡②，詩亡然後《春秋》作。」

【眉批】《詩經》止於周平王，東周無詩作。孔子作《春秋》，以史筆記錄二四一年的春秋大事。

【注】①指周平王。②指《詩經》。

「晉之《乘》①，楚之《檮ㄊㄠˊ杌ㄨˋ》②，魯之《春秋》③，一也，其事則齊桓、晉文，其文則史，孔子曰：『其義則丘竊④取之矣。』」

【眉批】事、文與義三足鼎立，不可或缺。

【注】①晉史專名。②楚史專名。③魯史專名。④私下。

㉒

孟子曰：「君子之澤，五世而斬；小人之澤，五世而斬。予未得為孔子徒也，予私淑諸人①也。」

【眉批】流芳與遺害均遠達五個世代，孟子慶幸承傳孔子五世之澤。
【注】①孔子→伯魚→子思→無名氏→孟子。

㉓

孟子曰：「可以取，可以無取，取傷廉；可以與，可以無與，與傷惠；可以死，可以無死，死傷勇。」

【眉批】是非善惡之辨不可無，義是心中的一把尺。

㉔

逢蒙①學射於羿②，盡羿之道，思天下惟羿為愈己，於是殺羿。孟子曰：「是亦羿有罪焉。」公明儀③曰：「宜若無罪焉。」曰：「薄乎云爾，惡得無罪？」

【眉批】殺人與被殺皆有罪，輕重之別而已，何必置身於危？
【注】①后羿弟子。②有窮國之君，善射。③孟子弟子。

「鄭人使子濯孺子①侵衛，衛使庾公之斯②追之。子濯孺子曰：『今日我疾作，不可以執弓，吾死矣夫！』問其僕曰：『追我者誰也？』其僕曰：『庾公之斯也。』曰：『吾生矣。』其僕曰：『庾公之斯衛之善射者也。夫子曰吾生，何謂也？』曰：『庾公之斯學

射於尹公之他③，尹公之他學射於我。夫尹公之他端人也，其取友必端矣。』庾公之斯至，曰：『夫子何為不執弓？』曰：『今日我疾作，不可以執弓。』曰：『小人學射於尹公之他，尹公之他學射於夫子，我不忍以夫子之道反害夫子。雖然，今日之事，君事也，我不敢廢。』抽矢叩輪去其金④，發乘⑤矢而後反⑥。」

【眉批】正人君子不與親朋打擂臺，情誼高於名利勝負也。
【注】①鄭大夫。②衛大夫。③不詳。④鏃，箭頭也。⑤四。⑥反、返古今
　　　字。

㉕

孟子曰：「西子①蒙不潔，則人皆掩鼻而過之。」

【眉批】天成固然重要，外鑠也不能疏忽，兩者配合得宜，傾城傾國。
【注】①西施，中國四大美女之首。

「雖有惡人，齋戒沐浴，則可以祀上帝。」

【眉批】壞人是可以漂白的，王莽就是最好的例子。

㉖

孟子曰：「天下之言性也，則故①而已矣，故者以利為本。」

【眉批】則故，因循故舊是也。因循最能含括多數人的利益，創新固佳，其害
　　　也深遠，故孔孟罕言之。
【注】①據往事為說，承傳故舊也。

「所惡於智者，為其鑿①也。如智者若禹之行水②也，則無惡於智矣。禹之行水也，行其所無事③也。如智者亦行其所無事，則智亦大矣。」

【眉批】疏導放任，無爲而治，大智之方也。
【注】①穿鑿附會。②導水。③無爲而治。

「天之高也，星辰之遠也，苟求其故，千歲之日至，可坐而致也。」

【眉批】天行健，君子以自強不息，苟知天之則故，可以預知千歲事。

27

公行子①有子之喪，右師②往弔，入門，有進而與右師言者，有就右師之位而與右師言者。孟子不與右師言，右師不悅，曰：「諸君子皆與驩言，孟子獨不與驩言，是簡③驩也。」孟子聞之曰：「禮：朝廷不歷④位而相與言，不踰階而相揖也。我欲行禮，子敖以我為簡，不亦異乎？」

【眉批】喪禮之地，以祭喪爲重，借機交際或嬉皮把歡，對死者非常不敬。
【注】①齊大夫。②齊貴臣王驩，字子敖。③怠慢。④隔也，跨越也。

28

孟子曰：「君子所以異於人者，以其存心也。君子以仁存心，以禮存心。仁者愛人，有禮者敬人。愛人者人恆愛之，敬人者人恆敬之。」

【眉批】君子仁禮兼備，愛敬有加。

「有人於此，其待我以橫逆，則君子必自反也：我必不仁也，必無禮也，此物①奚宜至哉？其自反而仁矣，自反而有禮矣，其橫逆由②是也，君子必自反也，我必不忠。自反而忠矣，其橫逆由是也，君子曰：此亦妄人也已矣！如此則與禽獸奚擇哉？於禽獸又何難焉？」

【眉批】受到冒犯，須一而再，再而三地反躬自省，如仍然確立自己沒錯，則是對方缺乏理性所致，禽獸視之可也。
【注】①古物與事相通。②猶也。

「是故君子有終身之憂，無一朝之患也。乃若所憂則有之：舜、人也；我，亦人也。舜為法於天下。可傳於後世。我由未免為鄉人也，是則可憂也。憂之如可？如舜而已矣。」

【眉批】因有終身之憂，故無一朝之患，兩者為因果。換言之，如無終身之憂，必然災患頻生。

「若夫君子所患則亡矣，非仁無為也，非禮無行也。如有一朝之患，則君子不患矣。」

【眉批】君子無患，如有預料之外的橫禍，那是天賜的考驗，謝天謝地猶恐不足。

29

禹、稷當平世，三過其門而不入，孔子賢之。顏子當亂世，居於陋巷，一簞食，一瓢飲，人不堪其憂，顏子不改其樂，孔子賢之。孟子曰：「禹、稷、顏回同道。禹思天下有溺者，由己溺之

也。稷思天下有飢者，由己飢之也。是以如是其急也。禹、稷、顏子，易地則皆然。」

【眉批】先聖後聖，其揆一也。一者何？悲天憫人也。

「今有同室之人鬥者，救之，雖被髮纓①冠而救之，可也。鄉鄰有鬥者，被髮纓冠而往救之，則惑也，雖閉戶，可也。」

【眉批】當平世，天下一家親；當亂世，明哲保身，避之唯恐不及。
【注】①帽繩。

30

公都子曰：「匡章，通國皆稱不孝焉，夫子與之遊，又從而禮貌之，敢問何也？」孟子曰：「世俗所謂不孝者五：惰其四支①，不顧父母之養，一不孝也；博奕，好飲酒，不顧父母之養，二不孝也；好貨財，私妻子、不顧父母之養，三不孝也；從②耳目之欲，以為父母戮③，四不孝也；好勇鬥很④，以危父母，五不孝也。章子有一於是乎？」

【眉批】眾口可以鑠金，人言可畏也。
【注】①支、肢古今字。②從、縱古今字。③羞辱。④很、狠古今字。

「夫章子，子父責善而不相遇①也。責善，朋友之道也。父子責善，賊恩之大者。」

【眉批】父子不責善，猶易子而教，微婉勸之可也。一旦老羞成怒，父子傷和，反而因小失大。
【注】①得也，合也。猶今言來電。

「夫章子豈不欲有夫妻子母之屬哉？為得罪於父，不得近，出妻屏①子，終身不養焉。其設心以為不若是，是則罪之大者，是則章子已矣。」

【眉批】匡章大義滅親，誠可敬也，然而不符儒家父子相隱的作法，友之可也。

【注】①屏、摒古今字。

31

曾子居武城①，有越寇。或曰：「寇至，盍②去諸？」曰：「無寓人於我室，毀傷其薪木。」寇退，則曰：「脩我牆屋，我將反③。」寇退，曾子反。左右曰：「待先生如此其忠且敬也。寇至則先去以為民望④，寇退則反，殆於不可。」沈猶行⑤曰：「是非汝所知也。昔沈猶有負芻⑥之禍，從先生者七十人，未有與焉。」子思居於衛，有齊寇。或曰：「寇至，盍去諸？」子思曰：「如伋去，君誰與守？」孟子曰：「曾子、子思同道。曾子，師也，父兄也。子思，臣也，微也。曾子、子思，易地則皆然。」

【眉批】因地制宜，同中容異，不可盲從。

【注】①地名。②何不。③反、返古今字。④使百姓瞻望而效之。⑤曾子弟子。⑥人名。

32

儲子①曰：「王使人瞷②夫子，果有以異於人乎？」孟子曰：「何以異於人哉？堯舜與人同耳。」

【眉批】殘障除外，五臟六腑人皆有之，異稟則專屬於少數聖賢。
【注】①齊人。②偷窺。

33

齊人有一妻一妾而處室者，其良人①出，則必饜②酒肉而後反。其妻問所與飲食者，則盡富貴也。其妻告其妾曰：「良人出，則必饜酒肉而後反，問其與飲食者，盡富貴也，而未嘗有顯者來，吾將瞷良人之所之也。」蚤③起，施④從良人之所之，徧國中⑤無與立談者。卒之東郭墦⑥間，之祭者乞其餘，不足，又顧而之他。此其為饜足之道也，其妻歸告其妾，曰：「良人者，所仰望而終身也，今若此。」與其妾訕⑦其良人，而相泣於中庭⑧。而良人未之知也。施施從外來，驕其妻妾。由君子觀之，則人之所以求富貴利達者，其妻妾不羞也而不相泣者，幾希矣。

【眉批】趣味橫出，寓意深遠，千古傳唱。
【注】①夫君。②飽也。③蚤、早古今字。④迤邐而行。⑤市區。⑥墳也。⑦謗也。⑧庭中之倒裝。

第五篇　萬章

萬章（上）

1

　　萬章①問曰：「舜往于田，號泣于旻②天，何為其號泣也？」孟子曰：「怨慕也。」

【眉批】埋怨上帝之不仁，又思慕父母之難親，孝心不逐也。
【注】①孟子弟子。②閔、憫同，慈悲也。

　　萬章曰：「父母愛之，喜而不忘；父母惡之，勞①而不怨。然則舜怨乎？」曰：「長息②問於公明高③曰：『舜往于田，則吾既得聞命④矣。號泣于旻天，于父母，則吾不知也。』公明高曰：『是非爾所知也。』夫公明高以孝子之心為不若是恝⑤。我竭力耕田，共⑥為子職而已矣。父母之不我愛⑦，於我何哉？」

【眉批】舜不怨失去父母的歡心，怪罪上帝不仁，恭盡為人子的天職而已。
【注】①憂勞。②公明高弟子。③曾子弟子。④悉知父母之令。⑤無愁之貌。⑥共、恭古今字。⑦愛我之倒裝。

　　「帝①使其子九男二女②，百官牛羊倉廩備，以事舜於畎畝之中。天下之士多就③之者，帝將胥天下而遷之焉，為不順於父母，如窮人無所歸。天下之士悅之，人之所欲也，而不足以解憂。好色，人之所欲，妻帝之二女，而不足以解憂。富，人之所欲，富有

天下，而不足以解憂。貴，人之所欲，貴為天子，而不足以解憂。人悅之、好色、富貴，無足以解憂者，惟順於父母可以解憂。」

【眉批】舜擁有一切，唯獨欠缺順於父母，求助無門，焉能不怨。
【注】①堯。②娥皇、女英。③親近。

「人少①則慕父母，知好色②則慕少艾，有妻子則慕妻子，仕則慕君，不得於君則熱中③。大孝終身慕父母，五十而慕者，予於大舜見之矣。」

【眉批】大孝近於童稚，皆是慕父母之人也。
【注】①童稚。②年輕貌美。③內心焦急。

2

萬章問曰：「《詩》①云：『娶妻如之何，必告父母。』信斯言也，宜莫如舜。舜之不告而娶，何也？」孟子曰：「告則不得娶。男女居室，人之大倫也。如告則廢人之大倫，以懟②父母，是以不告也。」

【眉批】人之大倫不可廢，結婚乃是孝行的表現，何況大孝之舜。
【注】①〈齊風‧南山〉。②怨也。

萬章曰：「舜之不告而娶，則吾既得聞命矣。帝之妻舜①而不告，何也？」曰：「帝亦知告焉則不得妻也。」

【眉批】舜父「頑」母「嚚」（口不道忠信之言），是天生無法溝通者，只得先斬後奏。
【注】①堯帝將女兒娥皇、女英嫁給舜為妻。

萬章曰：「父母使舜完①廩②，捐③階④，瞽瞍⑤焚廩；使浚井，出，從而揜⑥之。象⑦曰：『謨⑧蓋⑨都君⑩咸⑪我績。牛羊父母，倉廩父母。干戈朕、琴朕、弤ㄉ⑫朕，二嫂使治朕棲⑬。』象往入舜宮，舜在牀琴。象曰：『鬱陶⑭思君爾。』忸怩。舜曰：『惟茲臣庶，汝其于予治。』不識舜不知象之將殺己與？」曰：「奚而不知也？象憂亦憂，象喜亦喜。」曰：「然則舜偽喜者與？」曰：「否。昔者有饋生魚於鄭子產，子產使校人⑮畜之池，校人烹之，反命曰：『始舍之，圉圉⑯焉，少則洋洋⑰焉，攸然⑱而逝。』子產曰：『得其所哉！得其所哉！』校人出，曰：『孰謂子產智，予既烹而食之，曰：得其所哉！得其所哉！』故君子可欺以其方⑲，難罔以非其道。彼以愛兄之道來，故誠信而喜之，奚偽哉？」

【眉批】防小人之心，不可無，害小人之行，不可有，冤冤相報無絕期。

【注】①治成。②倉。③棄。④梯。⑤舜父。⑥同掩。⑦舜弟。⑧謀。⑨覆。⑩指舜。⑪皆。⑫彤弓。⑬牀。⑭喜也思也。⑮主池沼小吏。⑯困住貌。⑰舒緩貌。⑱迅速貌。⑲類也。

3

萬章問曰：「象日以殺舜為事，立為天子則放①之，何也？」
孟子曰：「封之②也，或曰放焉。」

【眉批】舜立為天子，受到國家保護，不容有絲毫安全上的虞慮，封象也好，外放也罷，保持距離，以策安全也。

【注】①外放。②封於有庳。

萬章曰：「舜流共工于幽州，放驩兜于崇山，殺三苗于三危，殛鯀于羽山，四罪而天下咸服，誅不仁也。象至不仁，封之有庳，

有庳之人奚罪焉？仁人固如是乎？在他人則誅之，在弟則封之。」
曰：「仁人之於弟也，不藏怒焉，不宿怨焉，親愛之而已矣。親之
欲其貴也，愛之欲其富也，封之有庳，富貴之也。身為天子，弟為
匹夫，可謂親愛之乎？」

【眉批】儒家的親情至上，超越法律正義，不認同大義滅親，父為子隱，子為
　　　父隱，看似偏袒，其實人不自私，天誅地滅，此中見真情，墨家兼愛
　　　與法家的「與庶民同罪」，失之矯情。

「敢問或曰放者，何謂也？」曰：「象不得有為於其國，天子
使吏治其國，而納其貢稅焉，故謂之放，豈得暴彼民哉？雖然，欲
常常而見之，故源源而來，不及貢，以政接于有庳，此之謂也。」

【眉批】明知象無可救藥，但須給足面子，然後架空，此為兩全其美之法。

4

　　咸丘蒙①問曰：「語②云：『盛德之士，君不得而臣，父不得而
子。舜南面而立，堯帥諸侯北面而朝之，瞽瞍亦北面而朝之，舜見
瞽瞍，其容有蹙③。孔子曰：於斯時也，天下殆哉岌岌④乎！』不識
此語誠然乎哉？」孟子曰：「否。此非君子之言，齊東野人之語
也。」

【眉批】西方政教分離而得治，東方政親分離乃得安，宗教與至親幾可亂政
　　　也。
【注】①孟子弟子。②諺語。③不安貌。④不安貌。

「堯老而舜攝①也。〈堯典〉曰：『二十有八載，放勳②乃徂落③，百姓如喪考妣，三年，四海遏密④八音。』孔子曰：『天無二日，民無二王。』舜既為天子矣，又帥天下諸侯以為堯三年喪，是二天子矣。」

【眉批】堯與舜，二而一，虛實而相映也。
【注】①攝政。②堯名。③死也。④止也。

咸丘蒙曰：「舜之不臣堯，則吾既得聞命矣。《詩》①云：『普天之下，莫非王土，率②土之濱，莫非王臣。』而舜既為天子矣，敢問瞽瞍之非臣如何？」曰：「是詩也，非是之謂也。勞於王事，而不得養父母也。曰此莫非王事，我獨賢③勞也。」

【眉批】先秦引《經》習於斷章取義，不忠於《詩》本義，孟子嚴厲抨之。
【注】①〈小雅·北山〉。②循也。③多也。

「故說詩者，不以文害辭，不以辭害志，以意逆①志，是為得之。如以辭而已矣，〈雲漢〉之詩曰：『周餘黎民，靡有孑遺。』信斯言也，是周無遺民也。」

【眉批】文辭只是外表修飾而已，與真實有所落差，故云「盡信書，不如無書。」宜當揣摩詩人的本義。
【注】①迎也。

「孝子之至，莫大乎尊親，尊親之至，莫大乎以天下養。為天子父，尊之至也，以天下養，養之至也。」

【眉批】老吾老以及人之老。

「《詩》①曰：『永言②孝思③，孝思惟則。』此之謂也。」

【眉批】舜唯恐孝不遂，不以父爲臣。
【注】①〈大雅・下武〉。②長言。③孝心。

「《書》①曰：『祗⊥載②見瞽瞍，夔⊥夔齊栗③，瞽瞍亦允若④。』是爲父不得而子也。」

【眉批】頑石點頭，滴水穿石，舜持之以敬畏，瞽瞍終於信諾不再搗蛋了。
【注】①〈逸篇〉。②敬也。③敬愼戰懼貌。④信諾。

5

萬章曰：「堯以天下與舜，有諸？」孟子曰：「否。天子不能以天下與人。」「然則舜有天下也，孰與之？」曰：「天與之。」「天與之者，諄諄然①命②之乎？」曰：「否。天不言，以行與事示之而已矣。」

【眉批】天視自我民視，天聽自我民聽，天與之，乃民與之也。
【注】①叮嚀教誨。②告誡。

曰：「以行與事示之者，如之何？」曰：「天子能薦人於天，不能使天與之天下；諸侯能薦人於天子，不能使天子與之諸侯；大夫能薦人於諸侯，不能使諸侯與之大夫。昔者堯薦舜於天而天受之，暴①之於民而民受之。故曰天下言，以行與事示之而已矣。」

【眉批】好的統治階層，用人之方，須先檢驗其人所行所事，不受制於裙帶關係。
【注】①顯露。

曰：「敢問薦之於天而天受之，暴之於民而民受之，如何？」曰：「使之主祭而百神享之，是天受之。使之主事而事治，百姓安之，是民受之也。天與之，人與之，故曰天子不能以天下與人。」

【眉批】天受之是虛擬，民受之才是見眞章。

「舜相①堯二十有八載，非人之所能為也，天也。堯崩，三年之喪畢，舜避堯之子②於南河之南，天下諸侯朝覲者不之堯之子而之舜，訟獄者不之堯之子而之舜，謳歌者不謳歌堯之子而謳歌舜，故曰天也。夫然後之中國③，踐天子位焉。而④居堯之宮。逼堯之子，是篡也，非天與也。〈泰誓〉曰：『天視自我民視，天聽自我民聽。』此之謂也。」

【眉批】上古禪讓政治宛如陶淵明的桃花源記，託古改制罷了。
【注】①助也。②丹朱。③京畿。④如也。

6

萬章問曰：「人有言：至於禹而德衰，不傳於賢而傳於子，有諸？」孟子曰：「否。不然也。天與賢則與賢，天與子則與子。」

【眉批】歷代帝王之傳，不論傳賢或傳子，甚至篡位之傳，皆是天受，所謂成事在天也。

「昔者舜薦禹於天，十有七年。舜崩，三年之喪畢，禹避舜之子於陽城①，天下之民從之，若堯崩之後，不從堯之子，而從舜也。禹薦益於天，七年。禹崩，三年之喪畢，益避禹之子於箕山②之陰，朝覲訟獄者不之益，而之啓，曰：『吾君之子也。』謳歌者

不謳歌益，而謳歌啓，曰：『吾君之子也。』丹朱之不肖，舜之子亦不肖。舜之相堯。禹之相舜也，歷年多，施澤於民久。啓賢。能敬承繼禹之道。益之相禹也，歷年少，施澤於民未久。舜、禹、益相去久遠，其子之賢不肖，皆天也，非人之所能為也。莫之為而為者，天也。莫之致而至者，命也。」

【眉批】天授王位，非人力所能爲也，人只有卑微承受。

【注】①②皆在嵩山下。

「匹夫而有天下者，德必若舜禹，而又有天子薦之者。故仲尼不有天下，繼世以有天下。」

【眉批】仲尼生不逢時，雖德超舜禹，亦無可奈何？

「天之所廢，必若桀、紂者也，故益、伊尹、周公不有天下。伊尹相湯以王於天下。湯崩，大丁①未立，外丙②二年，仲壬四年，大甲③顛覆湯之典刑，伊尹放之於桐④，三年，大甲悔過，自怨自艾，於桐處仁遷義，三年以聽伊尹之訓己也，復歸于亳⑤。周公之不有天下，猶益之於夏，伊尹之於殷也。孔子曰：『唐、虞禪⑥、夏后、殷、周繼⑦，其義一也。』」

【眉批】當稱職的統治者，禪讓也好，繼承也罷，無關緊要，得其人才是關鍵。

【注】①湯之嫡長子，未立而薨。②③皆大丁之弟。④邑名。⑤殷都地名。⑥傳賢。⑦傳子。

7

　萬章問曰：「人有言：伊尹以割烹①要②湯，有諸？」孟子曰：「否，不然。伊尹耕於有莘③之野，而樂堯舜之道焉。非其義也，非其道也，祿之以天下，弗顧也。繫馬千駟，弗視也。非其義也，非其道也，一介④不以與人，一介不以取諸人。」

【眉批】伊尹有機會得到相位之尊，有二說，一是自其惡的角度觀之，一是自其善的角度觀之。

【注】①烹飪。②干求。③國名。④介、芥古今字，微賤之草。

　「湯使人以幣聘之，囂囂然①曰：『我何以湯之聘幣為哉？我豈若處畎畝之中，由是以樂堯舜之道哉！』湯三使往聘之，既而幡然②改曰：『與③我處畎畝之中，由是以樂堯舜之道，吾豈若使是君為堯舜之君哉？吾豈若使是民為堯舜之民哉？吾豈若於吾身親見之哉？天之生此民也，使先知覺後知，使先覺覺後覺也。予，天民之先覺者也。予將以斯道覺斯民也，非予覺之而誰也？』」

【眉批】伊尹，聖之任者也，萬事一肩挑，勇往直前。

【注】①自得之志，無欲之貌。②反也。③與、舉古今字。

　「思天下之民、匹夫匹婦有不被堯舜之澤者，若己推而內①之溝中②。其自任以天下之重如此，故就湯而說之，以伐夏救民。吾未聞枉己而正人者也，況辱己以正天下者乎？聖人之行不同也，或遠或近，或去或不去，歸絜③其身而已矣。吾聞其以堯舜之道要湯，未聞割烹也。〈伊訓〉④曰：『天誅造⑤攻自牧宮⑥，朕⑦載⑧自亳⑨。』」

【眉批】聖人之行固不同，亦有同者，那就是潔身自愛。

【注】①內、納古今字。②填溝壑，死亡也。③絜、潔古今字。④尚書逸篇
名。⑤始也。⑥桀宮名。⑦義也。⑧始也。⑨殷都地名。

8

萬章問曰：「或謂孔子於衛主癰疽①，於齊主侍人瘠環②，有諸
乎？」孟子曰：「否，不然也，好事者為之也。於衛主顏讎由③。
彌子④之妻，與子路之妻，兄弟⑤也。彌子謂子路曰：『孔子主我，
衛卿可得也。』子路以告，孔子曰：『有命。』孔子進以禮，退以
義，得之不得曰有命，而主癰疽與侍人瘠環，是無義無命也。」

【眉批】在外作客，應該慎擇招待者，以免沾得一身騷。

【注】①癰疽之醫。②侍人。③衛賢大夫。④彌子瑕，靈公幸人。⑤姊妹
也。古不分男女皆稱兄弟。

「孔子不悅於魯衛，遭宋。桓司馬①將要而殺之，微服而過
宋。是時孔子當阨，主司城貞子②，為陳侯周③臣。」

【眉批】孔聖也有委曲求全的時候，時中君子也。

【注】①桓魋。②宋卿。③陳懷公。

「吾聞觀近臣①，以其所為主；觀遠臣②，以其所主。若孔子主
癰疽與侍人瘠環，何以為孔子？」

【眉批】人生際遇，十之八九，皆是俗人俗事，貴人奇事，可遇不可求，吾心
嚮往之，即可也。

【注】①在朝之臣。②遠方來仕者。

9

萬章問曰：「或曰：『百里奚自鬻①於秦養牲者五羊之皮，食②牛，以要秦繆公。』信乎？」孟子曰：「否，不然，好事者為之也。」

【眉批】成功者不畏出身低，賣身契亦何妨。
【注】①賣也。②食、飼古今字。

「百里奚，虞人也。晉人以垂棘①之璧與屈產②之乘，假道於虞以伐虢，宮之奇諫。百里奚不諫，知虞公之不可諫而去之秦，年已七十矣，曾不知以食牛干秦繆公之為汙也，可謂智乎？不可諫而不諫，可謂不智乎？知虞公之將亡而先去之，不可謂不智也。時舉於秦，知繆公之可與有行③也而相之，可謂不智乎？相秦而顯其君於天下，可傳於後世，不賢而能之乎？自鬻以成其君，鄉黨自好④者不為，而謂賢者為之乎？」

【眉批】百里奚智能擇木而栖，絕非自鬻之流。
【注】①地名。②地名。③有所作為。④自以為是。

萬章（下）

1

　　孟子曰：「伯夷目不視惡色，耳不聽惡聲，非其君不事，非其民不使，治則進，亂則退。橫政①之所出，橫民②之所止，不忍居也。思與鄉人③處，如以朝衣朝冠坐於塗炭也，當紂之時，居北海之濱，以待天下之清也，故聞伯夷之風者，頑夫④廉，懦夫有立志。」

【眉批】至清無魚，吹毛無友，絕世而獨立，不亦哀哉！
【注】①亂政。②暴民。③鄉巴佬。④頑貪者。

　　「伊尹曰：『何事非君，何使非民，治亦進，亂亦進。曰：天之生斯民也，使先知覺後知，使先覺覺後覺。予，天民之先覺者也。予將以此道覺此民也。』思天下之民，匹夫匹婦有不與被堯舜之澤者，如己推而內之溝中。其自任以天下之重也。」

【眉批】巨細靡遺，鞠躬盡瘁，死而後已，此乃天下第一大傻瓜。

　　「柳下惠不羞汙君，不辭小官，進不隱賢，必以其道，遺佚而不怨，阨窮而不憫，與鄉人處，由由然①，不忍去也。爾為爾，我為我，雖袒裼②裸裎③於我側，爾焉能浼ˇ④我哉？故聞柳下惠之風者，鄙夫寬，薄夫敦。」

【眉批】出於污泥而不染，花中君子也。柳下惠穿梭於百家九流之間，猶能金
　　　剛不入，樂群何其神也。

【注】①神情自若貌。②脫掉上衣。③裸體。④污也。

　　「孔子之去齊，接淅①而行。去魯，曰：『遲遲吾行也，去父
母國之道也。』可以速而速，可以久而久，可以處而處，可以仕而
仕，孔子也。」

【眉批】孔子見機行事而不失親情，最有彈性而不泥。

【注】①漬米。

　　孟子曰：「伯夷：聖之清者也。伊尹：聖之任者也。柳下惠：
聖之和者也。孔子：聖之時者也。孔子之謂集大成，集大成也者，
金聲而玉振之也。金聲也者，始條理也；玉振也者，終條理也。」

【眉批】四聖之中，前三聖皆各有所偏泥，唯孔子聚三聖之長而靈活調整，可
　　　謂至聖先師。

　　「始條理者，智之事也。終條理者，聖之事也。智、譬則巧
也。聖，譬則力也。由射於百步之外也，其至，爾力也。其中，非
爾力也。」

【眉批】巧力兼備，有始有終。

2

　　北宮錡①問曰：「周室班②爵祿也，如之何？」孟子曰：「其
詳不可得聞也。諸侯惡其害己也，而皆去其籍，然而軻也嘗聞其略
也。」

【眉批】諸侯惡禮樂之限制，有礙發展，故紛紛拋棄典籍，復加犬戎之焚毀，
孟子也只能「聞其略」而已。

【注】①衛人。②列也。

「天子一位、公一位、侯一位、伯一位、子男同一位，凡五等
也。君一位，卿一位、大夫一位、上士一位、中士一位、下士一
位，凡六等。」

【眉批】西周官制，凡十一等。

「天子之制，地方千里，公侯皆方百里，伯七十里，子男五十
里，凡四等。不能①五十里，不達於天子，附於諸侯曰附庸。」

【眉批】封建地制，凡四等。

【注】①不足、不及。

「天子之卿受地視①侯，大夫受地視伯，元士②受地視子男。」

【眉批】中央政府的卿、大夫與元士的封地，比照諸侯三等級。

【注】①比照。②猶軍中的士官長。

「大國地方百里，君十卿祿，卿祿四大夫，大夫倍上士，上士
倍中士，中士倍下士，下士與庶人在官者同祿，祿足以代其耕
也。」

【眉批】大國官制分六級。

「次國地方七十里，君十卿祿，卿祿三大夫，大夫倍上士，上
士倍中士，中士倍下士，下士與庶人在官者同祿，祿足以代其耕
也。」

【眉批】次國官制分六級。

「小國地方五十里，君十卿祿，卿祿二大夫，大夫倍上士，上士倍中士，中士倍下士，下士與庶人在官者同祿，祿足以代其耕也。」

【眉批】小國官制分六級。

「耕者之所獲，一夫百畝，百畝之糞①，上農夫食九人，上次食八人，中食七人，中次食六人，下食五人。庶人在官者，其祿以是為差②。」

【眉批】一夫百畝亦有六級差異。
【注】①分也。②差異。

3

萬章問曰：「敢問友。」孟子曰：「不挾①長、不挾貴、不挾兄弟而友。友也者，友其德也，不可以有挾也。」

【眉批】朋友立於平等相待，平起平坐，若有所挾，利害關係，則非純眞友誼。
【注】①杖勢、要挾。

「孟獻子①，百乘之家也，有友五人焉：樂正裘、牧仲，其三人則予忘之矣。獻子之與此五人者友也，無獻子之家者也，此五人者，亦有獻子之家，則不與之友矣。」

【眉批】孟獻子打破貴族與平民的界線，有民間友人之交。
【注】①魯卿大夫。

「非惟百乘之家為然也，雖小國之君亦有之。費惠公①曰：『吾於子思，則師之矣。吾於顏般②，則友之矣。王順、長息③，則事我者也。』」

【眉批】三等人際關係，深具創意。
【注】①古小國之君。②③古之人名。

「非惟小國之君為然也，雖大國之君亦有之。晉平公之於亥唐①也：入云則入，坐云則坐，食云則食，雖蔬食菜羹，未嘗不飽，蓋不敢不飽也，然終於此而已矣。」

【眉批】徹底禮賢下士，不失為名君。
【注】①晉賢人也。

「弗與共天位也，弗與治天職也，弗與食天祿也，士之尊賢者也，非王公之尊賢也。」

【眉批】天位、天職與天祿只能吸引凡人俗人，真正賢者不屑也。

「舜尚①見帝，帝館甥於貳室②，亦饗舜，迭為賓主，是天子而友匹夫也。」

【眉批】舜為匹夫時，堯迭以賓主之禮尊之，是天子而友匹夫也。
【注】①上也。②副宮也。

「用下敬上、謂之貴貴；用上敬下，謂之尊賢。貴貴尊賢，其義一也。」

【眉批】富貴貧賤皆是外爍，故敬上敬下，其義一也。

4

萬章曰：「敢問交際何心也？」孟子曰：「恭也。」曰：「卻之卻之為不恭，何哉？」曰：「尊者賜之，曰：其所取之者，義乎？不義乎？而後受之。以是為不恭，故弗卻也。」曰：「請無以辭卻之，以心卻之。」曰：「其取諸民之不義也，而以他辭無受，不可乎？」曰：「其交也以道，其接也以禮，斯孔子受之矣。」

【眉批】與人交際，務必恭敬有禮，不義之賜，弗受也。

萬章曰：「今有禦人①於國門之外者，其交也以道，其餽也以禮，斯可受禦②與？」曰：「不可。〈康誥〉③曰：『殺越④人于貨，閔⑤不畏死，凡民罔不譈ㄉㄨㄟˋ⑥。』是不待教而誅者也。殷受夏，周受殷，所不辭⑦也。於今為烈，如之何其受之？」

【眉批】敵人給的糖果，萬萬碰不得。
【注】①以兵傷人。②接受燒殺之所得。③尚書篇名。④於也。⑤強悍。⑥殺也。⑦不能拒絕。

曰：「今之諸侯取之於民也，猶禦也，苟善其禮際矣，斯君子①受之，敢問何說也？」

【眉批】孟子穿梭於枉法犯忌的諸侯之間，又該如何自圓其說呢？
【注】①指孟子。

曰：「子以為有王者作①，將比②今之諸侯而諸之乎？其教之不改而後誅之乎？夫謂非其有而取之者，盜也。充③類至，義之盡④也。孔子之仕於魯也，魯人獵較⑤，孔子亦獵較。獵較猶可，而況受其賜乎？」

【眉批】王法不行久矣，諸侯早已取而代之，蔚成風氣，不牽就又奈何？
【注】①興也。②同也。③滿也。④不存也。⑤賽田獵也。

　　曰：「然則孔子之仕也，非事道①與？」曰：「事道也。」「事道，奚獵較②也？」曰：「孔子先簿正③祭器，不以四方之食供簿正。」

【眉批】理想與現實須有所折衝，所謂務實而不失理想，聖之時中者也。
【注】①行道。②較量打獵。③以文書規範。

　　曰：「奚不去①也？」曰：「為之兆②也。兆足以行矣，而不行，而後去，是以未嘗有所終三年淹③也。」

【眉批】一鼓作氣，再而衰，三而竭，以三年作爲成敗的觀察期，極爲適度合理。
【注】①辭職。②徵兆。③久也。

　　「孔子有見行可①之仕，有際可②之仕，有公養③之仕也。於季桓子，見行可之仕也。於衛靈公，際可之仕也。於衛孝公，公養之仕也。」

【眉批】孔子當官的要件是：或施展抱負，或受到禮遇，或國家供養。
【注】①施展抱負。②禮遇佳。③國家供養。

5

　　孟子曰：「仕非為貧也，而有時乎為貧；娶妻非為養也，而有時乎為養。為貧者，辭尊居卑，辭富居貧。辭尊居卑，辭富居貧，惡乎宜乎？抱關①擊柝②。孔子嘗為委吏③矣，曰：會計④當而已

矣。嘗為乘田⑤矣，曰：牛羊茁壯長而已矣。位卑而言高，罪也。立乎人之本朝而道不行，恥也。」

【眉批】行道不恥小官。
【注】①門卒。②門關之木。③主委糧倉之吏。④計算。⑤苑囿之吏。

6

萬章曰：「士之不託①諸侯。何也？」孟子曰：「不敢也。諸侯失國而後託於諸侯，禮也。士之託於諸侯，非禮也。」

【眉批】戰國時代，養士之風極盛，騙吃騙喝盈天下。
【注】①寄食。

萬章曰：「君餽①之粟，則受之乎？」曰：「受之。」「受之何義②也？」曰：「君之於氓③也，固周④之。」曰：「周之則受，賜之則不受，何也？」曰：「不敢也。」曰：「敢問其不敢，何也？」曰：「抱關擊柝者，皆有常職⑤以食於上，無常職而賜於上者，以為不恭也。」曰：「君餽之則受之，不識可常繼⑥乎？」曰：「繆公之於子思也，亟問，亟餽鼎肉，子思不悅，於卒也，摽⑦使者出諸大門之外，北面稽首再拜而不受，曰：『今而後知君之犬馬畜伋⑧。』蓋自是臺⑨無餽也。悅賢不能舉，又不能養也，可謂悅賢乎？」

【眉批】諸侯不見庶人，階級嚴限。
【注】①見君之禮。②義、儀古今字。③民也。④救也。⑤法定職位。⑥延續。⑦麾也。⑧子思之名。⑨賤官，主使令。

曰：「敢問國君欲養君子，如何斯可謂養矣？」曰：「以君命將①之，再拜稽首而受。其後廩人②繼粟，庖人③繼肉，不以君命將之。子思以為鼎肉使己僕僕爾④亟拜也，非養君子之道也。」

【眉批】行政命令與高待遇，非養君子之道，俗人可也。
【注】①行也。②③皆官名。④煩猥貌。

「堯之於舜也，使其子、九男事之，二女女①焉，百官牛羊倉廩備，以養舜於畎畝②之中，後舉而加諸上位③，故曰王公之尊賢者也。」

【眉批】國家領導尊賢，通國之慶。
【注】①嫁也。②狩獵與耕種之地。③尊帝位。

7

萬章曰：「敢問不見諸侯，何義也？」孟子曰：「在國曰市井之臣，在野曰草莽之臣，皆謂庶人。庶人不傳質①為臣，不敢見於諸侯，禮也。」

【眉批】志不為仕祿而有所牽就也。
【注】①送見面禮。

萬章曰：「庶人召之役①，則往役；君欲見之，召之則不往見之；何也？」曰：「往役，義也。往見，不義也。且君之欲見之也，何為也哉？」曰：「為其多聞也，為其賢也。」曰：「為其多聞也，則天子不召師，而況諸侯乎？為其賢也，則吾未聞欲見賢而召之也。繆公亟見於子思曰：『古千乘之國以友士，何如？』子思

不悅曰：『古之人有言曰：「事之云乎？豈曰友之云乎？」』子思之不悅也，豈不曰：『以位？則子君也，我臣也，何敢與君友也？以德，則子事我者也，奚可以與我友？』千乘之君求與之友，而不可得也，而況可召與？齊景公田②，招虞人以旌，不至，將殺之。志士不忘在溝壑，勇士不忘喪其元③。孔子奚取焉？取非其招不往也。」

【眉批】為民服務乃天經地義，君王召見，則未必公役，古明君必有所不召之
　　　　臣。
【注】①公務。②打獵。③首級。

日：「敢問招虞人何以①？」曰：「以皮冠，庶人以旃ㄓㄢ②，士以旂ㄑ③，大夫以旌④。以大夫之招招虞人，虞人死不敢往。以士之招招庶人，庶人豈敢往哉？況乎以不賢人之招招賢人乎？」

【眉批】君臣上下授受須恰如其分，稍一閃失，則適得其反也。
【注】①用也。②同「氊」，通帛。③交龍旗，有鈴。④析羽為旌，注旄竿
　　　首。

「欲見賢人而不以其道，猶欲其入而閉之門也。夫義，路也。禮、門也。惟君子能由是路，出入是門也。《詩》①云：『周道②如底ㄓ③，其直如矢，君子所履④，小人所視。』」

【眉批】百官百業各有門規，嚴守門路，國泰民安。
【注】①〈小雅·大東篇〉。②大道。③平也。④行也。

萬章曰：「孔子君命召，不俟駕而行①，然則孔子非與？」
曰：「孔子當仕，有官職，而以其官召之也。」

【眉批】孔子嚴守官規，不得有私。
【注】①語見《論語·鄉黨篇》。

8

孟子謂萬章曰：「一鄉之善士斯友一鄉之善士，一國之善士斯
友一國之善士，天下之善士斯友天下之善士。」

【眉批】善士分三級，彼此不得逾越，可笑之至。

「以友天下之善士為未足，又尚①論古之人，頌其詩，讀其
書，不知其人可乎？是以論其世也，是尚友也。」

【眉批】神交古人可以跨越時空之限。
【注】①上也。

9

齊宣王問卿？孟子曰：「王何卿之問也？」王曰：「卿不同
乎？」曰：「不同。有貴戚之卿，有異姓之卿。」王曰：「請問貴
戚之卿？」曰：「君有大過則諫，反覆之而不聽則易位。」王勃然
變乎色。曰：「王勿異也。王問臣，臣不敢不以正對。」王色定，
然後請問異姓之卿？曰：「君有過則諫，反覆之而不聽則去。」

【眉批】卿居王之左右，對施政有重大的影響。

第六篇　告子

告子（上）

1

告子①曰：「性猶杞柳②也，義猶桮棬③也。以人性為仁義，猶以杞柳為桮棬。」孟子曰：「子能順杞柳之性而以為桮棬乎？將戕賊杞柳而後以為桮棬也。如將戕賊杞柳而以為桮棬，則亦將戕賊人以為仁義與？率天下之人而禍仁義者，必子之言夫！」

【眉批】將人性仁義比作物類的杞柳桮棬，不倫不類，越扯越遠。
【注】①告，姓也。孟子弟子。②木名。③未加工之杯盤。

2

告子曰：「性猶湍水也，決諸東方則東流，決諸西方則西流，人性之無分於善不善也，猶水之無分於東西也。」

【眉批】人性是人性，水性是水性，兩碼子，不同類不相比，以免攪亂觀念。

孟子曰：「水信無分於東西，無分於上下乎？人性之善也，猶水之就下也。人無有不善，水無有不下。今夫水，搏而躍之，可使過顙，激而行之，可使在山，是豈水之性哉？其勢則然也。人之可使為不善，其性亦猶是也。」

【眉批】孟子亦受告子牽累，以水比性，殊不妥。

3

告子曰：「生之謂性。」孟子曰：「生之謂性也，猶白之謂白與？」曰：「然。」「白羽之白也，猶白雲之白。白雪之白，猶白玉之白與？」曰：「然。」「然則犬之性猶牛之性，牛之性猶人之性與？」

【眉批】此只是文字遊戲而已！認眞不得。

4

告子曰：「食色，性也。仁，內也，非外也。義，外也，非內也。」孟子曰：「何以謂仁內義外也？」

【眉批】孟子同意「食色，性也。」至於「仁內義外」，則持異議。

曰：「彼長①而我長②也，非有長於我也。猶彼白而我是白之，從其白於外也，故謂之外也。」

【眉批】告子認爲高齡與膚色皆可貌相。
【注】①高齡。②尊長。

曰：「異於①白馬之白也，無以異於白人之白也，不識長馬之長也，無以異於長人之長與？且謂長者義乎，長之者義乎？」

【眉批】障言法，越辯越渾。
【注】①二字疑衍。

曰：「吾弟則愛之，秦人之弟則不愛也，是以我爲悅者也，故謂之內。長楚人之長，亦長吾之長，是以長爲悅者也，故謂之外也。」

【眉批】愛敬被隔於內外，是哪門哲學？

曰：「耆①秦人之炙，無以異於耆吾炙，夫物則亦有然者也，然則耆炙亦有外與？」

【眉批】告子內外之說，經不起辯論，但屬詭辯而已。
【注】①耆、嗜古今字。

5

孟季子問公都子曰：「何以謂義內也？」曰：「行吾敬，故謂之內也。」曰：「鄉人長於伯兄一歲，則誰敬？」曰：「敬兄。」「酌則誰先？」曰：「先酌鄉人。」「所敬在此，所長在彼，果在外，非由內也。」公都子不能答，以告孟子。

【眉批】事實勝於雄辯，事實不足，詭辯有餘，折人之口，卻不能服人之心，巧言之飾也。

孟子曰：「敬叔父乎？敬弟乎？彼將曰敬叔父。曰：弟為尸則誰敬？彼將曰敬弟。子曰：惡在其敬叔父也？彼將曰：在位故也。子亦曰：在位故也。庸①敬在兄，斯須②之敬在鄉人。」季子聞之曰：「敬叔父則敬，敬弟則敬，果在外，非由內也。」公都子曰：「冬日則飲湯，夏日則飲水，然則飲食亦在外也？」

【眉批】引喻失義，缺少作內在的分析。
【注】①常也。②短暫。

6

公都子曰：「告子曰：『性，無善無不善也。』或曰：『性，可以為善，可以為不善，是故文武興則民好善，幽厲興則民好暴。』或曰：『有性善，有性不善，是故堯為君而有象，以瞽瞍為

父而有舜，以紂為兄之子，且以為君而有微子啓、王子比干。』今
曰：性善，然則彼皆非與？」

【眉批】眾說紛紜，各有理由。

　　孟子曰：「乃若其情①，則可以為善矣，乃所謂善也。若夫為
不善，非才②之罪也。」

【眉批】孟子主張「原善論」，若有不善，皆由外鑠。
【注】①實情、眞情。②才性、才質。

　　「惻隱之心，人皆有之；羞惡之心，人皆有之；恭敬之心，人
皆有之；是非之心，人皆有之。惻隱之心，仁也；羞惡之心，義
也；恭敬之心，禮也；是非之心，智也。仁義禮智，非由外鑠我
也，我固有之也，弗思耳矣。故曰：求則得之，舍則失之，或相倍
蓰①而無算者，不能盡其才者也。」

【眉批】仁義禮智，人固有之，無有內外之分，人性亦屬於這些範疇。
【注】①五倍之專名。

　　「《詩》①曰：『天生蒸②民，有物有則。民之秉夷③，好是
懿④德。』孔子曰：『為此詩者，其知道乎！故有物必有則，民之
秉夷也，故好是懿德。』」

【眉批】仁義禮智是來自天生的人事法則，人皆有之。
【注】①〈大雅・烝民〉。②眾也。③常也。④美也。

7

　　孟子曰：「富歲子弟多賴①，凶歲子弟多暴，非天之降才爾②殊
也，其所以陷溺其心者然也。」

【眉批】衣食足然後知榮辱，倉廩實然後知禮節，不吾欺也。

【注】①賴、懶古今字。②如此。

「今夫麰_{ㄇㄡ}麥①，播種而耰_{ㄧㄡ}②之，其地同，樹之時又同，浡_{ㄅㄛ}然③而生，至於日至④之時，皆孰矣。雖有不同，則地有肥磽_{ㄑㄧㄠ}⑤，雨露之養，人事之不齊也。」

【眉批】性相近，習相遠，後天決定一切。

【注】①大麥。②覆種。③勃然同，興起貌。④夏至。⑤貧瘠。

「故凡同類者舉相似也，何獨至於人而疑之，聖人與我同類者。故龍子①曰：『不知足而為屨②，我知其不為蕢③也。』屨之相似，天下之足同也。」

【眉批】知其同而不知其異，可乎？

【注】①古賢者。②鞋也。③土籠。

「口之於味有同耆①也，易牙②先得我口之所耆者也。如使口之於味也，其性與人殊，若犬馬之與我不同類也，則天下何耆皆從易牙之於味也！至於味，天下期於易牙，是天下之口相似也。」

【眉批】易牙先得口味的最大公約數，故能成為大廚。

【注】①耆、嗜古今字。②古之大廚。

「惟耳亦然。至於聲，天下期於師曠①，是天下之耳相似也。惟目亦然。至於子都②，天下莫不知其姣也，不知子都之姣者，無目者也。」

【眉批】同理可推，偉大音樂家能掌握耳聞的最大公約數，美男子亦集眾美於一身。

【注】①古之大音樂家。②古之美男子。

「故曰：口之於味也有同耆焉，耳之於聲也有同聽焉，目之於色也有同美焉。至於心，獨無所同然乎？心之所同然者何也？謂理也義也。聖人先得我心之所同然耳。故理義之悅我心，猶芻①豢②之悅我口。」

【眉批】聖人先得天下人心之所同然——理義。
【注】①草食。②穀食。

8

孟子曰：「牛山①之木嘗美矣，以其郊於大國也，斧斤伐之，可以為美乎？是其日夜之所息②，雨露之所潤，非無萌③蘖④之生焉，牛羊又從而牧之，是以若彼濯濯⑤也。人見其濯濯也，以為未嘗有材焉，此豈山之性也哉？」

【眉批】人的本質大多伯仲之間，提昇或沉淪，關鍵在於自己的努力夠不夠？
【注】①位於齊之東南。②長也。③芽也。④芽之旁出。⑤光禿禿。

「雖存乎人者，豈無仁義之心哉？其所以放①其良心者，亦猶斧斤之於木也。旦旦而伐之，可以為美乎？其日夜之所息，平旦之氣，其好惡與人相近也者幾希②。則其旦晝之所為，有梏③亡之矣。梏之反覆，則其夜氣不足以存。夜氣不足以存，則其違禽獸不遠矣。人見其禽獸也，而以為未嘗有才焉者，是豈人之情也哉？」

【眉批】仁義之於人，與生具有，有人禽獸不如，由於不能克己復禮也。
【注】①失也。②無幾。③圈禁，克制也。

「故苟得其養，無物不長；苟失其養，無物不消。孔子曰：『操則存，舍則亡，出入無時，莫知其鄉①。』惟心之謂與？」

【眉批】天生仁義在，卻須培養成長之，若掉以輕心，終將淪亡。
【注】①所也，向也。

9

孟子曰：「無或①乎王②之不智也。雖有天下易生之物③也，一日暴④之，十日寒之，未有能生者也。吾見亦罕矣，吾退而寒之者至矣，吾如有萌⑤焉何哉？」

【眉批】曝多寒少，草木繁茂，修德亦然。
【注】①有也。②指齊王。③指仁義。④暴、曝古今字。⑤草芽、萌蘗也。

「今夫弈①之為數②，小數也，不專心致志，則不得也。弈秋③，通國之善弈者也。使弈秋誨二人弈，其一人專心致志，惟弈秋之為聽。一人雖聽之，一心以為有鴻鵠將至，思援④弓繳⑤而射之，雖與之俱學，弗若之矣，為是其智弗若與？曰非然也。」

【眉批】大若治國天下，小至博弈小技。皆須專心致志，始克有成。
【注】①博弈。②技也。③古博弈高手之名。④引也，開也。⑤以繩繫矢。

10

孟子曰：「魚，我所欲也；熊掌，亦我所欲也。二者不可得兼，舍魚而取熊掌者也。生，亦我所欲也；義，亦我所欲也；二者不可得兼，舍①生而取義者也。生亦我所欲，所欲有甚於生者，故不為苟得也。死亦我所惡，所惡有甚於死者，故患有所不辟②也。如使人之所欲莫甚於生，則凡可以得生者，何不用也，使人之所惡莫甚於死者，則凡可以辟患者，何不為也？」

【眉批】兩刀論何其危險？何妨多重選擇？
【注】①舍、捨古今字。②辟、避古今字。

　　「由是則生而有不用也，由是則可以辟患而有不為也。是故所欲有甚於生者，所惡有甚於死者，非獨賢者有是心也，人皆有之，賢者能勿喪耳。」

【眉批】人皆有賢者之心，易喪耳，賢者能終身不渝也。

　　「一簞①食，一豆②羹，得之則生，弗得則死。嘑③爾而與之，行道之人弗受。蹴④爾而與之，乞人不屑也。」

【眉批】生命誠可貴，尊嚴價更高，不苟且偷生也。
【注】①竹碗。②湯食器。③嘑、呼古今字。④踏也。

　　「萬鍾①則不辯②禮義而受之，萬鍾於我何加焉？為宮室之美，妻妾之奉，所識③窮乏者得我與④？」

【眉批】大盜竊國，復加合理化。
【注】①量器。②辯、辨古通用。③知也。④施與。

　　「鄉①為身死而不受，今為宮室之美為之；鄉為身死而不受，今為妻妾之奉為之；鄉為身死而不受，今為所識窮乏者得我而為之。是亦不可以已②乎？此之謂失其本心③。」

【眉批】失去賢者之心，則前後判若兩人，放僻邪恥，無不為也。
【注】①晌也，往昔。②止也。③指賢者之心，善心也。

11

孟子曰：「仁，人心也。義，人路也。舍其路而弗由，放①其心而不知求，哀哉！人有雞犬放，則知求之，有放心而不知求。學問之道無他，求其放心而已矣。」

【眉批】行義以求仁，把心找回來，學問在其中矣。
【注】①迷失。

12

孟子曰：「今有無名之指屈而不信①，非疾痛害事也。如有能信之者，則不遠秦楚之路，為指之不若人也。指不若人，則知惡之；心不若人，則不知惡，此之謂不知類②也。」

【眉批】此謂捨本逐末，因小失大也。
【注】①伸也。②善也。或曰事也。

13

孟子曰：「拱把①之桐梓，人苟欲生之，皆知所以養之者。至於身而不知所以養之者，豈愛身不若桐梓哉？弗思甚也。」

【眉批】此所謂愛財不要命，財乃身外之物，失身則皆罔然。
【注】①合抱。

14

孟子曰：「人之於身也兼所愛，兼所愛，則兼所養也。無尺寸
之膚不愛焉，則無尺寸之膚不養也。」

【眉批】身心兼養，不可偏廢。

「所以考其善不善者，豈有他哉？於己取之而已矣。」

【眉批】善不善，取抉於自身之存養，不涉他人。

「體有貴賤，有小大，無以小害大，無以賤害貴，養其小者為
小人、養其大者為大人。」

【眉批】存養須大與貴，若小與賤，則將傷害大與貴。

「今有場師①，舍其梧檟②，養其樲棘③，則為賤場師焉。養其
一指而失其肩背而不知也，則為狼疾④人也。」

【眉批】因小失大，逐末忘本，昏亂之至。
【注】①農業家。②木名。③酸棗。④惛亂。

「飲食之人，則人賤之矣，為其養小①以失大②也。飲食之人無
有失也，則口腹豈適為尺寸之膚哉？」

【眉批】為口腹而飲食，人賤之，為其失去理想也。
【注】①指口腹。②指道德。

⑮

公都子問曰：「鈞①是人也，或為大人，或為小人，何也？」
孟子曰：「從其大體②為大人，從其小體③為小人。」

【眉批】大人幹大事，小人營小事，天人公私之辨也。
【注】①均也。②核心主體。③瑣碎末節。

曰：「耳目之官不思，而蔽於物。物交物，則引之而已矣。心
之官則思，思則得之，不思則不得也。此天之所與我者，先立乎其
大者，則其小者弗能奪也，此為大人而已矣。」

【眉批】先立乎大者則為大人，先立乎小者則為小人，打頭陣之重要可知矣。

⑯

孟子曰：「有天爵者，有人爵者。仁義忠信，樂善不倦，此天
爵也。公卿大夫，此人爵也。古之人脩其天爵，而人爵從之。今之
人脩其天爵，以要人爵，既得人爵，而棄其天爵，則惑之甚者也，
終亦必亡而已矣。」

【眉批】此承上章先立乎其大者，則大小兼得。小人則是掛羊頭，賣狗肉也。

⑰

孟子曰：「欲貴者，人之同心也。人人有貴於己者，弗思耳。
人之所貴者，非良貴也，趙孟①之所貴，趙孟能賤之。《詩》②云：
『既醉以酒，既飽以德。』言飽乎仁義也，所以不願人之膏粱之味
也。令聞廣譽施於身，所以不願人之文繡③也。」

【眉批】世俗所貴，富貴耳；君子所貴，飽乎仁義也。
【注】①晉卿。②〈大雅・既醉〉。③美繡服。

（18）

孟子曰：「仁之勝不仁也，猶水勝火。今之為仁者，猶以一杯水救一車薪之火也，不熄，則謂之水不勝火。此又與於不仁之甚者也，亦終必亡而已矣。」

【眉批】一曝哪堪十寒？行仁須恆心，乃終身不間斷的工夫。

（19）

孟子曰：「五穀者，種之美者也。苟為不熟，不如荑①稗②。夫仁亦在乎熟之而已矣。」

【眉批】熟能生巧，巧者成事的關鍵。
【注】①荑，稊也，有米而細，與稗可備凶年。②禾別也，似禾而別於禾之穀。

（20）

孟子曰：「羿①之教人射，必志於彀ㄍㄡˋ②，學者亦必志於彀。大匠誨人，必以規矩，學者亦必以規矩。」

【眉批】以射箭之「彀」喻學習，至為恰當。
【注】①古之神射。②張弩。

告子（下）

1

任①人有問屋廬子②曰：「禮與食孰重？」曰：「禮重。」「色與禮孰重？」曰：「禮重。」曰：「以禮食則飢而死，不以禮食則得食，必以禮乎？親迎則不得妻，不親迎則得妻，必親迎乎？」屋廬子不能對。明日之鄒，以告孟子。

【眉批】禮與食色未必對立，三全齊美是可達成的。
【注】①諸侯國名。②孟子弟子。

孟子曰：「於①！答是也何有②？不揣其本而齊其末，方寸之木，可使高於岑樓③。金重於羽者，豈謂一鈎金④與一輿羽之謂哉？取食之重者，與禮之輕者而比之，奚翅⑤食重？取色之重者，與禮之輕者而比之，奚翅色重？」

【眉批】好個揣本思惟。
【注】①歎辭。②何有難。③山脊。④一帶鈎之金。⑤何其。

「往應之曰：『紾①兄之臂而奪之食則得食，不紾則不得食，則將紾之乎？踰東家牆而摟②其處子③則得妻，不摟則不得妻，則將摟之乎？』」

【**眉批**】不循正義而取，謂之奪，君子不爲也。

【**注**】①扭轉。②挾持。③處女，在室女。

2

曹交①問曰：「人皆可以為堯舜，有諸？」孟子曰：「然。」

【**眉批**】堯舜乃天造地設的寶一對，絕無複製的可能，人皆可以爲堯舜，簡直是痴人做夢。

【**注**】①曹君之弟。

「交聞文王十尺，湯九尺，今交九尺四寸以長，食粟而已，如何則可？」曰：「奚有於是？亦為之而已矣。有人於此，力不能勝一匹①雛，則為無力人矣。今曰：舉百鈞，則為有力人矣。然則舉烏獲②之任，是亦為烏獲而已矣。夫人豈以不勝為患哉？弗為耳。」

【**眉批**】身高、體重、力氣、夭壽等，都不是成敗的因素，取抉於爲不爲而已。

【**注**】①小也。②古之大力士。

「徐行後長者謂之弟①，疾行先長者謂之不弟。夫徐行者，豈人所不能哉？所不為也。」

【**眉批**】不爲與不能，不可混爲一談。挾泰山是不能也，爲長者折支是不爲也。

【**注**】①弟、悌古今字。

「堯舜之道，孝弟而已矣。子服堯之服，誦堯之言，行堯之行，是堯而已矣。子服桀之服，誦桀之言，行桀之行，是桀而已矣。」

【眉批】孔孟的看法，常有過度簡單化，書生之見而已矣。

曰：「交得見於鄒君①，可以假②館，願留而受業於門。」曰：「夫道若大路然，豈難知哉？人病不求耳。子歸而求之，有餘師③。」

【眉批】道無所不在，不必名師，不必捨近求遠。
【注】①指孟子。②借也。③不愁師少。

③

公孫丑問曰：「高子①曰：『〈小弁ㄅㄢ〉②，小人之詩也。』」孟子曰：「何以言之？」曰：「怨。」曰：「固③哉！高叟之為詩④也。有人於此，越人關⑤弓而射之，則己談笑而道之，無他，疏之也。其兄關弓而射之，則己垂涕而道之，無他，戚⑥之也。〈小弁〉之怨，親親也。親親，仁也。固矣夫，高叟之為詩也。」

【眉批】先秦諸子引《詩》，大多不忠於原典，孔孟還算較為貼近本意。
【注】①齊人。②〈小雅〉之篇。③陋也。④解詩。⑤彎也。⑥親也。

曰：「〈凱風〉①何以不怨？」曰：「〈凱風〉，親之過小者也。〈小弁〉，親之過大者也。親之過大而不怨，是愈疏也。親之過小而怨，是不可磯②也。愈疏，不孝也。不可磯，亦不孝也。孔子曰：『舜其至孝！五十而慕。』」

【眉批】孟子《詩》評，拿捏得宜。
【注】①〈邶風〉之篇。②激情。

4

　　宋牼①將之楚，孟子遇於石丘②，曰：「先生將何之？」曰：
「吾聞秦楚搆兵③，我將見楚王，說而罷之；楚王不悅，我將見秦
王，說而罷之。二王我將有所遇焉。」

【眉批】勸架止戰，亦有助於國際和平。
【注】①宋人，名牼。②地名。③交兵。

　　曰：「軻也請無問其詳，願聞其指①，說之將何如？」曰：
「我將言其不利也。」曰：「先生之志則大矣，先生之號②則不
可。先生以利說秦楚之王，秦楚之王悅以利，以罷三軍之師，是三
軍之士樂罷而悅於利也。為人臣者懷利以事其君，為人子者懷利以
事其父，為人弟者懷利以事其兄，是君臣父子兄弟終去仁義，懷利
以相接，然而不亡者，未之有也。」

【眉批】唯利之徒終必亡於利。
【注】①旨也。②掛帥、名號。

　　「先生以仁義說秦楚之王，秦楚之王悅於仁義，而罷三軍之
師，是三軍之士樂罷而悅於仁義也。為人臣者懷仁義以事其君，為
人子者懷仁義以事其父，為人弟者懷仁義以事其兄，是君臣父子兄
弟去利，懷仁義以相接也，然而不王者，未之有也，何必曰利？」

【眉批】唯仁義之士終必得善報。

5

孟子居鄒，季任①為任處守，以幣交，受之而不報②。處於平陸③。儲子④為相，以幣交，受之而不報。他日，由鄒之任見季子，由平陸之齊不見儲子。屋廬子⑤喜曰：「連⑥得間⑦矣！」問曰：「夫子之任見季子，之齊不見儲子，為其為相與？」

【眉批】屋廬子諷孟子勢利眼，標準不一。
【注】①任君季弟。②受禮而不致謝。③齊邑。④齊相。⑤孟子弟子。⑥屋廬子之名。⑦缺失。

曰：「非也。《書》①曰：『享多儀，儀不及物②曰不享，惟不役志③于享。』為其不成享④也。」

【眉批】禮多人不怪，及物之禮也。役志之禮，非禮也。
【注】①〈洛誥篇〉。②事物。③心志受到牽累傷害。④奉上也。

屋廬子悅。或問之，屋廬子曰：「季子不得之鄒①，儲子得之平陸②。」

【眉批】評量不能一概而論，須考慮時、地、人、職諸因素。
【注】①季子守國，不得越境。②儲子為相，得循行各地。

6

淳于髡①曰：「先②名③實④者，為人也。後⑤名實者，自為也。夫子在三卿⑥之中，名實未加於上⑦下⑧而去之，仁者固如此乎？」

【眉批】孟子不願充當齊之花瓶，有誰知？
【注】①齊之辯士。②重視。③聲譽。④治績。⑤輕視。⑥司馬、司徒、司空。⑦君。⑧民。

　　孟子曰：「居下位，不以賢事不肖者，伯夷也。五就湯，五就桀，伊尹也。不惡汙君，不辭小官者，柳下惠也。三子者不同道，其趨①一②也。」

【眉批】君子之道有所不同，其悲天憫人之心則一也。
【注】①出發點，心志。②同也。

　　「一者，何也？」曰：「仁也。君子亦仁而已矣，何必同？」

【眉批】殊途同歸，條條大路通羅馬是也。

　　曰：「魯繆①公之時，公儀子②為政、子柳③、子思為臣，魯之削也滋甚。若是乎賢者之無益於國也？」曰：「虞不用百里奚而亡，秦繆公用之而霸。不用賢則亡，削何可得④與？」

【眉批】賢者無益論，讀書無用論、博士浪費論等等，皆是執一廢百，似是而非之謬論也。
【注】①繆、穆通假。②魯博士。③泄柳。④得免。

　　曰：「昔者王豹①處於淇②而河西善謳，緜駒③處於高唐④而齊右善歌，華周、杞梁⑤之妻善哭其夫而變國俗。有諸內必形諸外，為其事而無其功者，髡未嘗覩之也。是故無賢者也，有則髡必識之。」

【眉批】至誠如神，有諸內必形諸外。
【注】①衛之善謳者。②水名。③善歌者。④齊邑名。⑤齊臣。

曰：「孔子為魯司寇①，不用，從而祭，燔肉②不至，不稅冕③而行。不知者以為為肉也，其知者以為為無禮也，乃孔子則欲以微罪行，不欲為苟去④。君子之所為，眾人固不識也。」

【眉批】小人之心豈能度君子之腹？
【注】①魯官名。②祭肉。③脫冠。④輕率離開。

7

孟子曰：「五霸①者，三王②之罪人也。今之諸侯，五霸之罪人也。今之大夫，今之諸侯之罪人也。」

【眉批】孔孟好古敏求，大歎一代不如一代。
【注】①齊桓、晉文、秦穆、宋襄、楚莊。②夏禹、商湯、周文王。

「天子適①諸侯曰巡狩，諸侯朝於天子曰述職。春省耕而補不足，秋省斂而助不給。入其疆，土地辟②，田野治。養老尊賢，俊傑在位，則有慶③，慶以地。入其疆，土地荒蕪。遺老失賢，掊克④在位，則有讓⑤。一不朝則貶其爵，再不朝則削其地，三不朝則六師移之。是故天子討而不伐，諸侯伐而不討。五霸者，摟⑥諸侯以伐諸侯者也。故曰五霸者，三王之罪人也。」

【眉批】貴為天子諸侯，稱職擺第一。
【注】①往也。②辟、闢古今字。③償也。④自誇好勝。⑤責備。⑥挾持。

「五霸桓公為盛，葵丘①之會諸侯，束牲載書②而不歃血③。初命④曰：『誅不孝，無易樹子⑤，無以妾為妻。』再命曰：『尊賢育才，以彰有德。』三命曰：『敬老慈幼，無忘賓旅。』四命曰：

『士無世官，官事無攝⑥，取士必得⑦，無專⑧殺大夫。』五命曰：『無曲防⑨，無遏糴⑩，無有封而不告⑪。』曰：『凡我同盟之人，既盟之後，言歸于好。』今之諸侯，皆犯此五禁，故曰今之諸侯，五霸之罪人也。」

【眉批】桓公與諸侯歃血爲盟之內容，而今人亡政息矣。
【注】①地名。②盟約綁在牲牛上。③以口微吸牲血。④第一條盟約。⑤世子。⑥兼職。⑦得當。⑧獨斷。⑨遍也。⑩採買。⑪告知。

「長君之惡其罪小，逢君之惡其罪大。今之大夫皆逢君之惡，故曰今之大夫，今之諸侯之罪人也。」

【眉批】長君與逢君之惡皆有罪，豈有大小之分？

8

魯欲使慎子①為將軍。孟子曰：「不教民而用之，謂之殃民。殃民者，不容於堯舜之世。一戰勝齊，遂有南陽②，然且③不可。」

【眉批】善戰者服上刑。
【注】①善用兵之魯人。②地名。③尚且。

慎子勃然不悅曰：「此則滑釐①所不識也。」曰：「吾明告子。天子之地方千里，不千里，不足以待諸侯。諸侯之地方百里，不百里，不足以守宗廟之典籍。周公之封於魯為方百里也，地非不足，而儉於百里，太公之封於齊也，亦為方百里也，地非不足也，而儉於百里。今魯方百里者五，子以為有王者作，則魯在所損乎？在所益②乎？徒取諸彼以與此，然且仁者不為，況於殺人以求之乎！」

【眉批】魯爲孔孟的宗祖國，若以好戰善戰的愼子爲將軍，豈不天大笑話？

【注】①愼子之名。②益、溢古今字。

「君子之事君也，務引其君以當道，志於仁而已。」

【眉批】引君富強安樂，不如助君行仁。

9

孟子曰：「今之事君者，皆曰我能為君辟①土地，充府庫。今之所謂良臣，古之所謂民賊也。君不鄉②道，不志於仁，而求富也，是富桀也。我能為君約與國，戰必克。今之所謂良臣，古之所謂民賊也。君不鄉道，不志於仁，而求為之強戰，是輔桀也。由今之道，無變今之俗，雖之與天下，不能一朝③居也。」

【眉批】帝制時代，全民皆是君奴隸；民主時代，公職皆是民奴。主從易位，
　　　　標準不一。

【注】①辟、闢古今字。②鄉、嚮古今字。③爲時短暫。

10

白圭①曰：「吾欲二十而取一，何如？」孟子曰：「子之道，貉②道也。萬室之國，一人陶，則可乎？」曰：「不可，器不足用也。」曰：「夫貉，五穀不生，惟黍生之。無城郭、宮室、宗廟、祭祀之禮，無諸侯、幣帛、饔飧③，無百官有司，故二十取一而足也。」

【眉批】稅賦之多少，視用度而定，太高傷民，過低傷國。

【注】①周人。②北方之獸，亦作北狄之蔑稱。③饋客之禮。

「今居中國①，去人倫，無君子，如之何其可也？陶以寡且不可以為國，況無君子乎！欲輕之於堯舜之道者，大貉小貉也，欲重之於堯舜之道者，大桀小桀也。」

【眉批】堯舜之政是孔孟的理想，理想政治之達成，須有定數之稅收，輕重不　　　得。
【注】①國境之內。

11

白圭曰：「丹①之治水也，愈於禹。」孟子曰：「子過矣！禹之治水，水之道也。是故禹以四海為壑。今吾子以鄰國為壑。水逆行②謂之洚水，洚水者，洪水也。仁人之所惡也，吾子過矣。」

【眉批】夜郎自大，不自量力，何其多也？
【注】①白圭之名。②洪水倒灌。

12

孟子曰：「君子①不亮②，惡乎執③？」

【眉批】民無信不立，在位者無信，政令行不通。
【注】①在位者。②通諒，信也。③執政。

13

魯欲使樂正子①為政。孟子曰：「吾聞之，喜而不寐。」公孫丑曰：「樂正子強乎？」曰：「否。」「有知慮乎？」曰：「否。」「多聞識乎？」曰：「否。」「然則奚為喜而不寐？」

「其為人好善。」「好善足乎？」曰：「好善優②於天下，而況魯國乎？夫苟好善，則四海之內皆將輕千里而來告之以善。夫苟不好善，則人將曰訑訑③，予既已知之矣。訑訑之聲音顏色，距人於千里之外。士止於千里之外，則讒諂面諛之人至矣。與讒諂面諛之人居，國欲治，可得乎？」

【眉批】百行「善」爲先，果敢、聰明與學問瞠乎其後矣。
【注】①樂正，複姓，名克。②足也。③欺也。

14

陳子①曰：「古之君子，何如則仕？」孟子曰：「所就三，所去三。迎之致敬以有禮，言將行其言也，則就之。禮貌未衰，言弗行也，則去也。其次，雖未行其言也，迎之致敬以有禮，則就之。禮貌衰，則去之。其下，朝不食，夕不食，飢餓不能出門戶，君聞之曰：『吾大者不能行其道，又不能從其言也，使飢餓於我土地，吾恥之，周②之。』亦可受也，免死而已矣。」

【眉批】正人君子當官有上中下的原則，小人但求當官，毫無原則可言。
【注】①陳臻，孟子弟子。②周、賙古今字，救濟也。

15

孟子曰：「舜發於畎畝①之中、傅說②舉於版築③之間、膠鬲④舉於魚鹽⑤之中、管夷吾⑥舉於士⑦、孫叔敖⑧舉於海⑨、百里奚⑩舉於市⑪。故天將降大任於是人也，必先苦其心志、勞其筋骨、餓其體膚、空乏其身、行拂亂其所為、所以動心忍性、曾⑫益其所不能。」

【眉批】不怕出身低，只怕功夫不夠深，詩窮而後工亦是同樣道理。

【注】①田間。②武丁之賢相。③建築業。④紂時賢人。⑤魚販鹽販。⑥管仲。⑦獄官。⑧楚之賢人。⑨漁夫。⑩秦穆公之賢相。⑪趕集。⑫曾、增古今字。

「人恆過，然後能改；困於心，衡於慮，而後作；徵於色，發於聲，而後喻。入則無法家①拂士②，出則無敵國外患者，國恆亡。然後知生於憂患，而死於安樂也。」

【眉批】正直的輔佐足以安內，敵國外患足以炯戒、憂患足以安樂、安樂足以死亡。

【注】①公正人士。②輔佐之士。拂、弼古今字。

16

孟子曰：「教亦多術矣。予不屑①之教誨也者，是亦教誨之而已矣！」

【眉批】放牛班亦是一種教育方式，孔子的有教無類差堪似，因材施教，永不放棄。

【注】①潔也。

第七篇　盡心

盡心（上）

1

孟子曰：「盡其心者，知其性也。知其性，則知天矣。」

【眉批】天有四時、陰晴、晝夜，人知天法天，亦當適度調節，盡心易流偏私。

「存其心，養其性，所以事天也。殀①壽不貳，修身以俟之，所以立命也。」

【眉批】天心、天性與天命皆歸於自然，回歸自然，所以事天也。

【注】①殀、夭同。

2

孟子曰：「莫非命也，順受其正。」

【眉批】順天受命。

「是故知命者不立乎巖牆之下。盡其道而死者，正命也。桎梏死者，非正命也。」

【眉批】避開險境，逃離桎梏，才是生命的真正價值。

3

孟子曰：「求則得之，舍則失之，是求有益於得也，求在我者也。求之有道，得之有命，是求無益於得也，求在外者也。」

【眉批】這是歪理。如云求外得內，亦可通。故內外須持衡，不必對立。倒如男主外、女主內，早已過時矣。

4

孟子曰：「萬物①皆備於我矣，反②身③而誠，樂莫大焉。」

【眉批】此指常識而言，古代重視培養通才，專才則被疏忽。
【注】①事也。②反、返古今字。③己也。

「強恕①而行，求仁莫近焉。」

【眉批】強行推己及人的恕道，仁愛就在燈火欄杆處。
【注】①強力推行恕道。

5

孟子曰：「行之而不著焉，習矣而不察焉，終身由之而不知其道者，眾也。」

【眉批】孔子亦曰：「民可使由之，不可使知之。」兩者實有異曲同工之妙。

6

孟子曰：「人不可以無恥，無恥之恥，無恥矣。」

【眉批】孔子曰：「行己有恥。」

7

孟子曰：「恥之於人大矣！為機變之巧者，無所用恥焉，不恥不若人，何若人有？」

【眉批】羞恥之心可以激勵人心，無恥之徒，但增地球負擔耳。

8

孟子曰：「古之賢王，好善而忘勢。古之賢士，何獨不然，樂其道而忘人之勢。故王公不致敬盡禮，則不得亟①見之。見且猶不得亟，而況得而臣之乎？」

【眉批】好善樂道而又無拘無束。
【注】①數也，或曰疾也。

9

孟子謂宋句踐①曰：「子好遊②乎？吾語子遊：人知之亦囂囂③，人不知亦囂囂。」曰：「何如斯可以囂囂矣？」曰：「尊德樂義，則可以囂囂矣。故士窮不失義，達不離道。窮不失義，故士得己④焉；達不離道，故民不失望焉。」

【眉批】兼具尊德樂義的遊說之士，難矣哉！孟子有別於遊說之士的分水嶺在此。
【注】①孟子時人。②遊說。③自得無欲之貌。④本色。

「古之人得志，澤加於民；不得志，脩身見於世。窮則獨善其，達則兼善天下。」

【眉批】改變歷史是終極目標，無以，改變自己是最低限度。

10

孟子曰：「待文王而後興者，凡民也。若夫豪傑之士，雖無文王猶興。」

【眉批】真才擋不住，蠢才扶不起。

11

孟子曰：「附①之以韓魏之家②，如其自視欿㲹然③，則過人遠矣。」

【眉批】富而虛懷若谷，強哉矯。
【注】①益也。②富有諸侯。③虛空也。

12

孟子曰：「以佚①道使民，雖勞不怨。以生道殺民，雖死不怨殺者。」

【眉批】佚道使民與生道殺民，是治民的最高手段。
【注】①通逸，安樂也。

13

孟子曰：「霸者之民，驩虞①如也。王者之民，皥皥②如也。殺之而不怨，利之而不庸③，民日遷善而不知為之者。」

【眉批】霸者之民享受高潮，王者之民樂在海闊天空。一是短暫，一是恆久。
【注】①今作歡娛。②浩浩瀚瀚，廣大貌。③頌揚也。

「夫君子所過者化，所存者神。上下與天地同流，豈曰小補之哉！」

【眉批】君子能神而化之，國之大補帖。

⑭

孟子曰：「仁言，不如仁聲之入人深也。善政不如善教之得民也。善政，民畏之；善教，民愛之。善政得民財，善教得民心。」

【眉批】善政是仁言，善教是仁聲，二者互為表裡。

⑮

孟子曰：「人之所不學而能者，其良能也；所不慮而知者，其良知也。孩提之童，無不知愛其親者；及其長也。無不知敬其兄也。親親，仁也。敬長，義也。無他，達之天下也。」

【眉批】良知良能，達之天下，放諸四海而皆準。

⑯

孟子曰：「舜之居深山之中，與木石居，與鹿豕遊，其所以異於深山之野人①者，幾希②！及其聞一善言，見一善行，若決江河，沛然莫之能禦也。」

【眉批】聖賢與凡人幾希，惟有鋼鐵般的行善執行力。
【注】①鄉民。②希、稀古今字。

17

孟子曰：「無為其所不為，無欲其所不欲，如此而已矣。」

【眉批】己所不爲眞不爲，己所不欲眞不欲，光明磊落。

18

孟子曰：「人之有德慧術知者，恆存乎疢疾①。獨孤臣孽子，其操心也危，其慮患也深，故達②。」

【眉批】詩，窮而後工，即是此道。天將降大任於斯人也，亦是此理。
【注】①病也。②指有德慧術智。

19

孟子曰：「有事君人者，事是君則為容悅者也。有安社稷臣者，以安社稷為悅者也。有天民①者，達可行於天下而後行之者也。有大人②者，正己而物正者也。」

【眉批】孟子將人區分爲四等第。
【注】①替天行道之人。②德操高尚之人。

20

孟子曰：「君子有三樂，而王天下①不與存②焉。父母俱存，兄弟無故，一樂也；仰不愧於天，俯不怍於人，二樂也；得天下英才而教育之，三樂也。君子有三樂，而王天下不與存焉。」

【眉批】孟子不愛江山，愛當君子，何等氣魄！
【注】①天下的盟主，即一統天下。②不在三樂之內。

㉑

孟子曰：「廣土眾民，君子欲之，所樂不存焉。中天下而立，定四海之民，君子樂之，所性①不存焉。君子所性，雖大行②不加焉，雖窮居不損焉，分定③故也。君子所性：仁義禮智根於心④，其生色也睟然⑤，見⑥於面，盎⑦於背，施於四體，四體不言而喻。」

【眉批】仁義禮智根植於心，超越一切，地位財富不在話下，無足算也。

【注】①心性之所。②大一統。③天意安排。④根植於心。⑤潤澤之貌。⑥見、現古今字。⑦瀚也，顯也。

㉒

孟子曰：「伯夷辟①紂，居北海之濱，聞文王作興，曰：『盍②歸乎來！吾聞西伯善養老者。』太公辟紂，居東海之濱，聞文王作興，曰：『盍歸乎來！吾聞西伯善養老者。』天下有善養老，則仁人以為己歸矣。」

【眉批】老者安之，仁人以為己歸，得民心則昌旺也。

【注】①辟、僻古今字。②何不。

「五畝之宅，樹牆下以桑，匹婦蠶之，則老者足以衣帛矣。五母雞，二母彘，無失其時，老者足以無失肉矣。百畝之田，匹夫耕之，八口之家，足以無飢矣。」

【眉批】百姓衣食無缺，雖然僅是小康，大康可期。

「所謂西伯善養老者，制①其田里，教之樹畜，導其妻子，使養其老。五十非帛不煖②，七十非肉不飽，不煖不飽，謂之凍餒。文王之民無凍餒之老者，此之謂也。」

【眉批】無凍餒之老者，猶未足，必也全民無凍餒，始達善政。
【注】①規畫。②煖、暖古今字。

㉓

　　孟子曰：「易①其田疇，薄其稅歛，民可使富也。食之以時，用之以禮，財不可勝用也。」

【眉批】藏富於民，聖人治天下也。
【注】①耕治。

　　「民非水火不生活，昏暮叩人之門戶求水火，無弗與者，至足矣。聖人治天下，使有菽粟如水火。菽粟如水火而民焉有不仁者乎？」

【眉批】人民的開門七件事，視作主政者的要務。

㉔

　　孟子曰：「孔子登東山而小魯，登泰山而小天下。故觀於海者難為水，遊於聖人之門者難為言。觀水有術，必觀其瀾。」

【眉批】欲窮千里目，更上一層樓，至理名言。至於「登泰山而小天下」、「觀水有術，必觀其瀾」，則未必盡然，可見孔孟之於山水，經驗不足，片面之見而已。

　　「日月有明，容光必照焉。流水之為物①也，不盈科②不行，君子之志於道也，不成章③不達。」

【眉批】君子行事，全面踏實有績效。
【注】①事物。②科、窠古今字、坑洞也。③績效顯著。

㉕

孟子曰：「雞鳴而起，孳孳①為善者，舜之徒也。雞鳴而起，孳孳為利者，蹠②之徒也。欲知舜與蹠之分，無他，利與善之間也。」

【眉批】孟子將善與利置於敵對，甚為欠妥，何不謀合為一，亦可行也。
【注】①勤勉。②亦作跖，柳下惠之弟，大盜。

㉖

孟子曰：「楊子取①為我，拔一毛而利天下。不為也。墨子兼愛，摩頂放踵②利天下，為之。子莫③執中，執中為近之。執中無權，猶執一也。所惡執一者，為其賊道也，舉一而廢百也。」

【眉批】一味極端或中立，皆是舉一廢百的偏執狂，中和之為用，大矣哉！
【注】①採取。②不辭勞苦。③魯國賢人。

㉗

孟子曰：「飢者甘食，渴者甘飲，是未得飲食之正也，飢渴害之也。豈惟口腹有飢渴之害，人心亦皆有害。人能無以飢渴之害為心害，則不及人不為憂矣。」

【眉批】飢不擇食，渴不擇飲，不及品味也。人心亦得持平中正，過度亢卑，
　　　　心害滋生。

㉘

孟子曰：「柳下惠①不以三公②易其介③。」

【眉批】耿介不阿，絕不打折，聖之和者也。
【注】①其爲人也，不羞汙君，不辭小官。②此指高官。③耿介。

㉙

孟子曰：「有爲者辟①若掘井，掘井九軔②而不及泉，猶爲棄井也。」

【眉批】意同「爲山九仞，虧在一簣」（論語）。
【注】①辟、譬古今字。②同仞，七尺（或曰八尺）。

㉚

孟子曰：「堯舜，性之①也。湯武，身之②也。五霸，假之③也。久假而不歸，惡知其非有也。」

【眉批】行仁，或出於天性、或後天努力、或弄假成眞。
【注】①本性。②身體力行。③裝模作樣。

㉛

公孫丑曰：「伊尹曰：『予不狎于不順，放太甲於桐，民大悅。太甲賢，又反①之，民大悅。』賢者之爲人臣也，其君不賢，則固可放與？」孟子曰：「有伊尹之志則可，無伊尹之志則篡也。」

【眉批】諸葛亮有伊尹之志，王莽無伊尹之志。
【注】①反、返古今字。

㉜

公孫丑曰：「《詩》①曰：『不素餐②兮』，君子之不耕而食，何也？」孟子曰：「君子居是國也，其君用之，則安富尊榮，其子弟從之，則孝悌忠信。不素餐兮，孰大於是？」

【眉批】君子選好重臣大臣之後，由他們去作專業發揮，即可無爲而治，何必夙夜匪懈呢？
【注】①〈魏風‧伐檀〉。②坐享其成。

㉝

王子墊①問曰：「士②何事？」孟子曰：「尚志。」曰：「何謂尚志？」曰：「仁義而已矣。殺一無罪，非仁也。非其有而取之，非義也。居惡在③，仁是也。路惡在④，義是也。居仁由義，大人⑤之事備矣。」

【眉批】政務官志在偉業即可，執行由事務官負責。
【注】①齊王之子。②仕也，此指政務官。③關懷而不干涉。④爲而不有。⑤偉大。

34

孟子曰：「仲子①不義與之齊國而弗受，人皆信之，是舍簞食豆羹之義也。人莫大焉亡親戚君臣上下。以其小者，信其大者，奚可哉？」

【眉批】小信小道不足以擔當大信大道，一粒沙以觀世界，盲點必多。
【注】①齊人陳仲子，耿介之士。

35

桃應①問曰：「舜為天子，皋陶為士，瞽瞍殺人，則如之何？」孟子曰：「執之而已矣。」「然則舜不禁與？」曰：「夫舜惡得而禁之？夫有所受之也。」「然則舜如之何？」曰：「舜視棄天下猶棄敝蹝②也。竊負而逃，遵海濱而處，終身訢ㄒㄧㄣ然③，樂而忘天下。」

【眉批】親情治天下，弊端必多，聖人還安得下嗎？
【注】①孟子弟子。②同屣，草鞋。③同欣，欣喜也。

36

孟子自范①之齊，望見齊王之子，喟然嘆曰：「居移氣②，養移體③，大哉居乎④，夫非盡人之子與？」

【眉批】環境影響，居九成以上，孟母三遷，塑造亞聖。
【注】①齊邑名。②居家環境能改變氣質。③生活品質能改變身體。④居家環境多麼重要。

37

孟子曰：「王子宮室、車馬、衣服多與人同，而王子若彼者，其居使之然也。況居天下之廣居①者乎？」

【眉批】孟夫子言「王子宮室、車馬、衣服多與人同」，此言差矣，應云「多與人異」，方能顯出其高高在上之勢。

【注】①指仁義。

「魯君之宋，呼於垤澤①之門，守者曰：『此非吾君也，何其聲之似我君也？』此無他，居相似也。」

【眉批】居天下之廣居的王者們，號令已成習慣，相似處處有。

【注】①宋邑名。

38

孟子曰：「食而弗愛，豕交之也。愛而不敬，獸畜之也。恭敬者。幣之未將①者也。恭敬而無實，君子不可虛拘②。」

【眉批】眞誠相待，君子也。虛情假意，小人也。

【注】①進。②虛偽拘泥。

39

孟子曰：「形色，天性也。惟聖人然後可以踐形①。」

【眉批】人法道，道法天，天法自然。

【注】①法天也。

40

齊宣王欲短喪，公孫丑曰：「為期①之喪，猶愈於已②乎？」孟
子曰：「是猶或紾③其兄之臂，子謂之姑徐徐云爾，亦教之孝悌而
已矣。」

【眉批】三年之喪也好，期之喪也罷，皆在踐踏活人！辦完手續，即刻下葬，
　　　　乃為最佳葬期。
【注】①週年。②止也。③戾也。

王子有其母①死者，其傅②為之請數月之喪，公孫丑曰：「若此
者何如也？」曰：「是欲終之而不可得也，雖加一日愈於已，謂夫
莫之禁而不為者也。」

【眉批】法外施恩，可以諒解。膠柱鼓瑟，依法行事。則是刻薄寡情。
【注】①庶夫人。②王子之師。

41

孟子曰：「君子之所以教①者五：有如時雨化之者、有成德②
者、有達財③者、有答問者、有私④淑⑤艾⑥者。此五者，君子之所
以教也。」

【眉批】君子教人有五大目標。
【注】①授教於人。②完備的德教。③人盡其才也。古財、材、才相通。④
　　　獨也。⑤善也。⑥治也。

42

公孫丑曰：「道則高矣美矣，宜若登天然，似不可及也。何不使彼為可幾及而日孳孳①也？」孟子曰：「大匠不為拙工改廢繩墨②，羿不為拙射變其彀𝄀率③。君子引而不發，躍如也。中道而立，能者從之。」

【眉批】十全十美，能使人明知不可為而為之，降低標準，猶似折扣價的次等貨。

【注】①勤勉也。②準繩標誌。③引弓的準則。

43

孟子曰：「天下有道，以道殉①身；天下無道，以身殉道，未聞以道殉乎人者也。」

【眉批】天下從未有道，明潔保身要緊，殉道殉身，無濟於事，殉職殉情，天下之至愚。

【注】①從也，或謂殺身從之曰殉。

44

公都子曰：「滕更①之在門也，若在所禮而不答，何也？」孟子曰：「挾②貴而問、挾賢而問、挾長而問、挾有勳勞而問、挾故③而問，皆所不答也，滕更有二焉。」

【眉批】師道之教，有教無類，靠關係，套交情，仗權貴等，捨之可也。

【注】①滕君弟。②仗也。③套交情。

45

孟子曰：「於不可已而已者，無所不已；於所厚者薄，無所不薄也。其進銳者，其退速。」

【眉批】行止、厚薄、快慢等皆得拿捏適度，便宜行事。

46

孟子曰：「君子之於物也，愛之而弗仁。於民也，仁之而弗親。親親而仁民，仁民而愛物。」

【眉批】君子待物止於愛、治民止於仁，事父母止於親，不可逾越淆亂。

47

孟子曰：「知①者無不知也，當務之為急；仁者無不愛也，急親賢之為務。堯舜之知，而不徧物，急先務也。堯舜之仁，不徧愛人，急親賢也。不能三年之喪而緦②，小功③之察，放④飯流歠⑤而問無齒決⑥，是之謂不知務。」

【眉批】智者無不知，此語失諸狂妄；仁者無不愛，此語實又太愚；當務之急，仍得當務之緩；喪期不堅持，卻在乎喪服之有無；大吃大喝，卻問有否咬嚼碎食物。此皆不知務本也。

【注】①知、智古今字。②③喪服。④大也。⑤飲也。⑥斷也。

盡心（下）

1

孟子曰：「不仁哉！梁惠王也。仁者以其所愛，及其所不愛；不仁者以其所不愛，及其所愛。」

【眉批】仁者愛澤全民，不仁者殘害全民。

公孫丑問曰：「何謂也？」「梁惠王以土地之故，糜爛其民而戰之，大敗，將復之，恐不能勝，故驅其所愛子弟以殉之，是之謂以其所不愛，及其所愛也。」

【眉批】不擇手段以逐目的者，是謂不仁。

2

孟子曰：「春秋無義戰，彼善於此，則有之矣。征者，上伐下也，敵①國不相征也。」

【眉批】何止春秋無義戰，古今中外的義戰幾稀。
【注】①對等。

3

　　孟子曰：「盡信《書》①則不如無《書》，吾於〈武成〉②，取二三策而已矣。仁人無敵於天下，以至仁伐至不仁，而何其血之流杵也？」

【眉批】盡信不如不信，存疑不可無也。
【注】①尚書。②逸書篇名。

4

　　孟子曰：「有人曰：『我善為陳①，我善為戰。』大罪也。國君好仁，天下無敵焉。南面而征，北夷怨；東面而征，西夷怨。曰：『奚為後我？』武王之伐殷也，革車②三百兩③，虎賁④三千人，王曰：『無畏，寧爾也，非敵百姓也。』若崩厥角⑤，稽首。征之為言⑥正也，各欲正己也，焉用戰？」

【眉批】縱使有天大的理由，孟子還是反戰到底。
【注】①陣也。②兵車。③兩、輛古今字。④勇士。⑤額角叩地，崩崩作響也。⑥假借引伸也。

5

　　孟子曰：「梓匠①輪輿，能與人規矩，不能使人巧。」

【眉批】循規蹈矩太無趣，神龍活現展巧意。
【注】①木工。

6

孟子曰：「舜之飯糗①茹草也，若將終身焉。及其為天子也，被袗②衣，鼓琴，二女果③，若固有之。」

【眉批】君子無入而不自得，貧賤不能移，威武不能屈也。
【注】①乾飯屑也。②畫也。③果、婐古今字，女侍也。

7

孟子曰：「吾今而後知殺人親之重①也。殺人之父，人亦殺其父；殺人之兄，人亦殺其兄。然則非自殺之也，一間耳②！」

【眉批】殺人形同自殺，幾間！
【注】①重罪。②些許之別。

8

孟子曰：「古之為關①也，將以禦暴；今之為關之，將以為暴。」

【眉批】一體兩面，善惡由人。
【注】①關卡。

9

孟子曰：「身不行道，不行於妻子。使人不以道，不能行於妻子。」

【眉批】《詩》曰：「刑於寡妻，以禦家邦。」

10

孟子曰：「周于利者，凶年不能殺；周于德者，邪世不能亂。」

【眉批】利能救命，德能救心，二者不可或缺。

11

孟子曰：「好名之人，能讓千乘之國，苟非其人，簞食豆羹見於色。」

【眉批】好名之人喜於沽名釣譽，孟子讚之，非也。簞食豆羹見於色，人之常情，顏回之流，乃是異類，不可強也。

12

孟子曰：「不信仁賢則國空虛，無禮義①則上下亂，無政事則財用不足。」

【眉批】首句最耐人玩味，仁賢乃安邦定國之寶。
【注】①義、儀古今字。

13

孟子曰：「不仁而得國者，有之矣；不仁而得天下，未之有也。」

【眉批】不仁或許僥倖得其小者，得其大者，未之有也。試驗歷代帝王，此言

恐難成立。再證今之統治者們，孟子之言，尤該存疑。盡信孟子，則不如無孟子。

14

孟子曰：「民為貴，社稷次之，君為輕。是故得乎丘民①而為天子，得乎天子為諸侯，得乎諸侯為大夫。諸侯危社稷，則變置②。犧牲既成，粢③盛既絜④，祭祀以時，然而旱乾水溢，則變置社稷。」

【眉批】偉哉孟子！兩千年前，孟子已提出民主觀點。變置社稷的主張，亦有破除迷信的創舉。

【注】①眾民也。②變更另立也。③稻粱也。④絜、潔古今字。

15

孟子曰：「聖人百世之師也，伯夷、柳下惠是也。故聞伯夷之風者，頑夫①廉，懦夫有立志。聞柳下惠之風者，薄夫敦，鄙夫寬，奮乎百世之上，百世之下，聞者莫不興起也，非聖人而能若是乎？而況於親炙②之者乎？」

【眉批】聖人能改變影響百世，孟子親身受到孔聖的薰陶，何其慶幸也。

【注】①貪夫。②親身受教。

16

孟子曰：「仁也者，人也。合而言之，道也。」

【眉批】仁是專屬於人之道也。

17

孟子曰：「孔子之去魯，曰：『遲遲吾行也。』去父母國之道也。去齊，接淅①而行，去他國之道也。」

【眉批】愛有差等，不可一以概之。
【注】①淘米。

18

孟子曰：「君子①之戹②於陳蔡之間，無上③下④之交⑤也。」

【眉批】在家靠父母，在外靠朋友，孔子亦有所閃失乎？
【注】①孔子。②戹、厄古今字。③國君。④臣屬。⑤交友。

19

貉稽①曰：「稽大不理於口②。」孟子曰：「無傷也，士憎茲③多口④。《詩》⑤云：『憂心悄悄⑥，慍于群小。』孔子也。『肆⑦不殄⑧厥慍，亦不殞⑨厥問⑩。』文王也。」

【眉批】難避攸攸之口，真心不怕火煉。
【注】①孟子時人。②風評不佳。③此也。④議論紛擾。⑤〈邶風・柏舟〉。⑥憂貌。⑦語詞。⑧絕也。⑨失也。⑩聲譽。

㉓

孟子曰：「賢者以其昭昭①，使人昭昭；今以其昏昏②，使人昭昭。」

【眉批】人之患在好爲人師，昭昭之師可遇不可求，強人所難，即是以其昏昏，使人昭昭也。

【注】①明也。②迷亂也。

㉑

孟子謂高子①曰：「山徑之蹊②間，介然③用之而成路，為間不用，則茅塞之矣。今茅塞子之心矣。」

【眉批】山徑可變爲大道，介然自我開發，大器可期。

【注】①齊人，孟子弟子。②鳥獸之小道。③意志專一貌。

㉒

高子曰：「禹之聲①，尚文王之聲。」孟子曰：「何以言之？」曰：「以追②蠡③。」曰：「是奚足哉？城門之軌④，兩馬之力與？」

【眉批】代有賢人，有承傳，有創新，難以較量。

【注】①音樂。②鐘鈕。③刻雕生動。④下陷的軌道。

㉓

齊饑。陳臻①曰：「國人皆以夫子將復為發②棠③，殆不可復？」孟子曰：「是為馮婦④也。晉人有馮婦者，善博虎，卒為善士。則之野，有眾逐虎，虎負嵎，莫之敢攖⑤，望見馮婦，趨而迎之。馮婦攘臂下車，眾皆悅之，其為士者笑之。」

【眉批】今非昔比，此一時也，彼一時也，有為者，不若是。

【注】①孟子弟子。②開倉發糧。③齊邑。④馮，姓。婦，名。勇而有力，能搏虎。⑤迫也。

㉔

孟子曰：「口之於味也，目之於色也，耳之於聲也，鼻之於臭也，四肢之於安佚也，性①也，有命②焉，君子不謂性也。」

【眉批】儒家視使命感為第一優先，輕忽天賦本性，故曰：「有所好樂，則不得其正〈大學篇〉，是耶？非耶？」

【注】①本性。使命。②天註定。

「仁之於父子也，義之於君臣也，禮之於賓主也，知之於賢者也，聖人之於天道也，命也。有性焉，君子不謂命也。」

【眉批】使命因人而異，天生註定，毋庸討論。

㉕

浩生不害①問曰：「樂正子何人也？」孟子曰：「善人也，信人也。」「何謂善？何謂信？」曰：「可欲②之謂善，有諸己之謂信，充實之謂美，充實而有光輝之謂大，大而化之③之謂聖，聖而不可知之之謂神。樂正子二之中，四之下也。」

【眉批】孟子將優質的人區分作六等第：善、信、美、大、聖、神。
【注】①浩生，複生。不害，名。齊人。②己所欲，施於人。③大行其道，使天下化之。

㉖

孟子曰：「逃墨必歸於楊，逃楊必歸於儒，歸：斯受之而已矣。今之與楊、墨辯者，如追放豚，既入其苙①，又從而招②之。」

【眉批】楊、墨、儒為當代顯學，儒已有凌駕之勢。
【注】①家畜圈也。②羈足。

㉗

孟子曰：「有布縷之征①、粟米之征、力役之征。君子②用其一，緩其二，用其二而民有殍③，用其三而父子離④。」

【眉批】萬萬稅，民不堪。如能低稅或無稅，國乃興。
【注】①征稅。②國君。③餓死者。④不成家。

㉘

孟子曰：「諸侯之寶三：土地、人民、政事。寶珠玉者，殃必及身。」

【眉批】其人無罪，懷璧之罪。楚書亦曰：「楚國無以爲寶，惟善以爲寶。」

㉙

盆成括①仕於齊，孟子曰：「死矣盆成括！」盆成括見殺，門人問曰：「夫子何以知其將見殺？」曰：「其爲人也小有才，未聞君子之大道也，則足以殺其軀而已矣。」

【眉批】小才自欺欺人，大道足以安邦保軀。
【注】①盆成，複姓；括，名。嘗欲學於孟子。

㉚

孟子之滕，館於上宮①。有業屨於牖②上，館人求之弗得，或問之曰：「若是乎從者之廋③也？」曰：「子以是爲竊屨來與？」曰：「殆非也。」「夫予之設科④也，往者不追，來者不拒，苟以是心至，斯受之而已矣。」

【眉批】孔孟有教無類，來去自如，無從保證皆爲聖徒。
【注】①樓上。②窗戶。③藏匿。④設科別以教。

31

孟子曰：「人皆有所不忍，達之於其所忍，仁也。人皆有所不為，達之於其所為，義也。人能充無欲害人之心，而仁不可勝用也。人能充無穿踰之心，而義不可勝用也。人能充無受爾汝之實①，無所往而不為義也。」

【眉批】仁義加諸不仁不義者的身上。方是發揮仁義的最高境界。
【注】①受輕賤之實。

「士未可以言而言，是以言餂^{ㄊㄧㄢ}①之也。可以言而不言，是以不言餂之也。是皆穿踰之類也。」

【眉批】時中之言，方是言語的最高境界。
【注】①探取之也。

32

孟子曰：「言近而指遠者，善言也。守約而施博者，善道①也。君子之言也，不下帶②而道存焉。」

【眉批】心腹不下帶，道出心腹之言，道在其中矣。
【注】①道、導古今字。②指心腹在腰帶之上。

「君子之守，脩其身而天下平。人病舍其田而芸①人之田，所求於人者重，而所以自任者輕。」

【眉批】孟子已具有大學八條目的雛形。
【注】①治也。

㉝

孟子曰：「堯舜，性①者也。湯武，反②之也。」

【眉批】堯舜，生而知之。湯武，學而知之。及其知之，一也。
【注】①天生天性也。②反、返古今字。

「動容周旋中①禮者，盛德之至也。」

【眉批】百密不失禮，即達盛德之境。
【注】①吻合。

「哭死而哀，非為生者也。」

【眉批】針對喪者致哀而已，不作交際的機會。

「經①德不回②，非以干③祿也。」

【眉批】行德不邪而已，不涉及任何圖利。
【注】①行也。②邪也，曲也。③求也。

「言語必信，非以正行也。」

【眉批】言語信實，不打著正行的宣傳。

「君子行法以俟命而已矣。」

【眉批】君子依法度而行，結果則聽從天意的安排。

34

孟子曰：「說大人①則藐②之，勿視其魏魏③然。」

【眉批】畏之、遠之、輕之等，大可不必，何妨彼此尊重，平起平坐，對等以
　　　說之。

【注】①尊貴者。②遠也，輕視也。③高大也，魏、巍古今字。

「堂高數仞①，榱②題數尺，我得志，弗為也。」

【眉批】我得志，居家簡易無華。

【注】①八尺。②屋上托瓦片的木條。

「食前方丈，侍妾數百人，我得志，弗為也。」

【眉批】我得志，吃喝接待力求簡便。

「般①樂飲酒，驅騁田獵，後車千乘，我得志，弗為也。」

【眉批】我得志，不縱樂飲酒、不狩獵、輕車簡從。

【注】①大也。般、盤古今字。

「在彼①者，皆我所不為也。在我②者，皆古之制也。吾何畏彼
哉？」

【眉批】我得志，力行恭儉，取代驕佚，今之遵貴者，不足敬畏也。

【注】①指驕佚。②指恭儉。

35

孟子曰：「養①心莫善於寡欲。其為人也寡欲，雖有不存焉者，寡矣。其為人也多欲，雖有存焉者，寡矣。」

【眉批】寡欲則清心，清心則寡欲。多欲則心煩氣燥，其亡必速。
【注】①治也。

36

曾皙①嗜羊棗②，而曾子不忍食羊棗。公孫丑問曰：「膾炙與羊棗孰美？」孟子曰：「膾炙哉？」公孫丑曰：「然則曾子何為食膾炙而不食羊棗？」曰：「膾炙所同也，羊棗所獨也。諱名不諱姓，姓所同也，名所獨也。」

【眉批】孝子尊重雙親的嗜好，無關東西的美惡，公孫丑之設問，未免太愚吧！
【注】①曾子之父、名點。②棗名。

37

萬章問曰：「孔子在陳曰：『盍歸乎來！吾黨之士狂簡①，進取，不忘其初②。』孔子在陳，何思魯之狂士？」孟子曰：「孔子不得中道而與之，必也狂獧③乎？狂者進取，獧者有所不為也。孔子豈不欲中道哉？不可必得，故思其次也。」

【眉批】孔子也有老二哲學，追思其次，則有海闊天空，何必鑽牛角尖呢？
【注】①大也。②初志也。③論語作「狷」，孟子作「獧」。

「敢問何如斯可謂狂矣？」曰：「如琴張、曾皙、牧皮者，孔子之所謂狂矣。」

【眉批】孔子弟子中亦有屬於鷹派的名單，至於孔子本身，應歸於鴿派。

「何以謂之狂也？」曰：「其志嘐ㄒㄧㄠ嘐然，曰：古之人，古之人，夷①考其行而不掩焉者也。」

【眉批】古之人固然值得模仿，但不宜膠柱鼓瑟，選擇性的接受或批判，通融些！

【注】①志大言大。

「狂者又不可得，欲得不屑①不絜②之士而與之，是獧也，是又其次也。」

【眉批】處世哲學就是要不斷的妥協與退讓，切勿太過執著與堅持。孔孟的最高標是中道，其次是狂者，最低標是獧（狷）者。

【注】①潔也。②絜、潔古今字。

「孔子曰：『過我門而不入我室，我不憾①焉者。其惟鄉原②乎！鄉原，德之賊也。』」

【眉批】君子有所不友，其惟鄉愿乎？

【注】①恨也。②原、愿古今字，謹善也。

「何如斯可謂之鄉原矣？」曰：「何以是嘐嘐也？言不顧行，行不顧言，則曰古之人，古之人行何為①踽踽②涼涼？生斯世也，為斯世也善，斯可矣。閹③然媚④於世也者，是鄉原也。」

【眉批】多烘先生、偽君子、冒牌貨之流是也。
【注】①無所親也。②疏遠也。③蔽也。④愛也。

萬子曰：「一鄉皆稱原人焉，無所往而不為原人。孔子以為德之賊，何哉？」曰：「非之無舉也，刺之無刺也。同乎流俗，合乎污世，居之似忠信，行之似廉潔，眾皆悅之，自以為是，而不可與入堯舜之道，故曰德之賊也。」

【眉批】賤骨頭高貴不起來，放諸古今四海而皆賤。

「孔子曰：『惡似而非者：惡莠①，恐其亂苗也；惡佞，恐其亂義也；惡利口，恐其亂信也；惡鄭聲，恐其亂樂也；惡紫，恐其亂朱也；惡鄉原，恐其亂德也。』」

【眉批】似是實非，表裡不一，聖人惡之。
【注】①孟狼尾、一曰狗尾草。

「君子反①經②而已矣。經正則庶民興，庶民興，斯無邪慝矣。」

【眉批】天行健，君子以自強不息也。
【注】①反、返古今字，歸也。②常也。

38

孟子曰：「由堯舜至於湯五百有餘歲，若禹、皋陶則見而知之，若湯則聞而知之。由湯至於文王五百有餘歲，若伊尹、萊朱①則見而知之，若文王則聞而知之。由文王至於孔子五百有餘歲，若太公望、散宜生②則見而知之，若孔子則聞而知之。由孔子而來至於今百有餘歲，去聖人之世若此其未遠也，近聖之居若此其甚③也，然而無有乎爾④，則亦無有乎爾！」

【眉批】孟子以五百歲爲偉大誕生的時周率，其誤差率不勝枚舉，此爲孟子書的最大敗筆。

【注】①湯之賢臣。②文王之賢臣。③近也。④語辭。